AF216721

TERRABITS

■ ÜBER
DIE GESTALT
VON INFORMATION.

EIN BEITRAG ZUR INFORMATIONSTHEORIE.

SEMJON VOLKOV

© 2020, Semjon Volkov

Verlag und Druck: tredition GmbH,
Halenreie 40-44, Hamburg

978-3-7497-1275-5 (Paperback)
978-3-7497-1276-2 (Hardcover)
978-3-7497-1277-9 (E-Book)

EINBLICK

Metaphysische Grundlagen 7
Revolution minus Inversion 14
Signaltechnik 18
Binärcode 23

TERRESTRISCHE INFORMATION 38

GESTALTERISCHE WIRKSAMKEIT 50

SYSTEMREFORM 66

AUSBLICK

Physische Auflagen 108
Evolution plus Energieineffizienz 113
Dokument und Potential 114
Nennung, Funktion, Ereignis 121
Die Schale der Ignoranz 132
Nadelöhr 20/21 137

ANHANG 148

EINBLICK

▪ METAPHYSISCHE GRUNDLAGEN

Theorien von System und Information.
Das gesamtheitliche Verständnis von Natur kommt durch die humane Metaphysik zur Möglichkeit der Selbstbetrachtung. Die Natur ist keine Maschine, die reduktionistisch zerlegt, anhand ihrer Einzelteile analysiert und wieder zusammengesetzt werden kann. Die Natur ist nicht berechenbar. Sie zeigt Varianten, Schwankungen, Abweichungen und Überraschungen.

Der physische Aufbau komplexer Systeme gleicht dem physischen Aufbau von Organismen. Das Gleiche gilt für ihr Verhalten. Komplexe Systeme zeigen das Verhalten von Organismen, die sich unentwegt im Wandel befinden, mit neugeschaffenen Möglichkeiten experimentieren und sich ständig verändern. Evolution ist eine Baustelle oder ein unvollendetes Werk, das sich dauerhaft verändert oder entwickelt. Das überraschende und unbeachtete Detail, das zu irgendeinem Zeitpunkt aufs Gesamte einwirkt, ist hier Programm einer übergeordneten Zweckmäßigkeit. *Dualität ist Einheit. Es ist eine Einheit, die sich ‚situativ' für eine von stets zwei Möglichkeiten entscheidet.*

Es gibt in der Natur keine konträren Perspektiven. Es gibt nur die situative Wechselwirkung von Informationsergänzung: den beständigen Austausch zwischen binären Informationseinheiten, die nach exakt bemessenen Freiheitsgraden stets ‚Spielraum für exakt zwei Möglichkeiten' erhalten. Der jeweilige Freiheitsgrad der Entscheidung ist hierbei abhängig von der gegenwärtigen Gesamtausrichtung eines Systems.

Erst die Wechselwirkung zwischen zwei Möglichkeiten (Licht und Masse, Raum und Zeit) führt zur Rekombination von emergenter Einheit, der gesamtheitlichen Dynamik und zweckmäßigen Abfolge von Phänomenen.

Die Systemtheorie liefert zwar anschauliche Beispiele für diverse Modi an Informationsverhalten und -kooperation, erlaubt durch die Informationsmenge, deren Variabilität und Dynamik innerhalb komplexer Systeme aber keine Allgemeingültigkeit.

Was wir Naturgesetze oder -konstanten nennen sind lediglich Einzelinformation in einem Informationsstrom. Was wir von ihnen wissen beschränkt sich stets auf ihre Wirkung innerhalb messbarer Gestalt. Wir sehen ein multidimensionales Gebilde auf einem Informationsstrom. Wir wissen, dass Information Verschränkungen und holistische Effekte erzeugt. Aber wir wissen nichts von der konkreten Informationszuordnung, die Gestalt zugrunde liegt. Die Verschränkungen und holistischen Effekte von Gestaltinformation sind unbekannt.

Gestalt und ihre Wechselwirkungen lassen sich analysieren: Energie, Kräfte, Materie, Elementarteilchen. Aber der Modus ihrer Informationsverarbeitung lässt sich nicht analysieren.

Somit gibt es in der Natur auch keine zentralen Koordinaten, definitiven Dimensionen oder Gegensätze. Es gibt nur die Informationseinheit mit ihrem zeitversetzten, regenerativen Binärsystem an Informationskopplung. Innen und außen, oben und unten, hier und dort, konvex und konkav, homogen und inhomogen, total und relativ, physisch und metaphysisch etc. sind allesamt synthetisch konstruierte Differenzen.

Was sich physischer Erfahrung konträr und daher als funktional unvereinbar präsentiert sind tatsächlich metaphysische Schnittpunkte der Informationseinheit.

Die gängige Klassifizierung einer vierdimensionalen Welt mit ihrer Länge, Breite, Höhe und Zeit beschreibt ein zwangsläufig physisch definiertes Systemdenken, das in separierten Formalismen operiert. Folglich ist die Eingrenzung des Metaphysischen aufs Gebiet des logisch Beweisbaren die unüberwindliche Schwierigkeit zur physischen Erklärung dessen, was ausgegrenzt wird, da es die menschliche Logik ad absurdum führt. Das Gesamtgebilde Natur und seine Funktion kann daher unmöglich verstanden werden durch ein physisches Systemdenken, das einzelne Informationskomponenten zusammenfügt.

Die Kooperation sämtlicher Informationen, die durch Kopplungs- und Synergieeffekte unabsehbare Phänomene bewirkt, ist nicht in der spezifischen Information einzelner Funktionen enthalten. Die verifizierten oder verifizierbaren Verhaltensweisen von Elementarteilchen geben somit keinen Aufschluss über den notwendigerweise gemeinsamen Informationsanteil sämtlicher Informationen, der ihre Feinabstimmung erst ermöglicht.

Der konkrete Modus Operandi elementarer Interaktion bleibt spekulatives Objekt der Quantentheorie.

Metaphysik ist Theorie und beschreibt als solche die ideale Perspektive von potentieller Wirklichkeit. Sie projiziert sich daher zurück auf eine vorgefundene Praxis und bedarf ständiger Korrektur.

■

Entstehung und informativer Aufbau von Natur.
Weshalb und wodurch die Natur ihr ursprüngliches Vakuum oder ihren Nullzustand verlassen hat, kosmisch expandiert ist, Planetensysteme und terrestrische Systeme ausgebildet hat, entzieht sich menschlicher Kapazität.

Dennoch wollen wir hier eine Sache gezielt festhalten und ausdrücklich herausstellen: Wenn die Information der Dualität durch ihre Gegensätzlichkeit stets Ergänzung und Einheit bewirkt, dann ist der Informationsunterschied, der eine Informationsgleichheit aufhebt und Veränderung bewirkt, bereits ebenso in der Informationsgleichheit enthalten, wie umgekehrt.

Dies kann aber nur bedeuten, dass der Zugang von Informationsgleichheit zu Informationsunterschied identisch sein muss.

Wenn also der Zugang von zwei verschiedenen Informationen zur jeweils anderen Information in einem identischen Informationsanteil besteht, der ihre Verschiedenheit in Einheit aufhebt, dann ist Natur in der Lage zum Vorgang der *Selbstkopplung durch Autoinformation.* (Die Unität der Dualität, die sämtlichen Erscheinungen zugrunde liegt, liefert hierfür erstklassige Indizien. Die Autoinformation ist nun die Information, die trotz völliger Abwesenheit sonstiger Information (Nichts) besteht und sich mittels Selbstkopplung reproduziert.

Wir können an dieser Stelle nur mutmaßen: *der identische Informationsanteil oder kosmische Link*, der in sämtlichen Informationen enthalten sein muss, um deren Kopplung (Feinabstimmung) zu bewirken, wäre der singuläre Ursprung von Natur. Dieser Link wäre demnach eine Einzelinformation, die sich binär programmieren und reprogrammieren kann. Folglich wären sämtliche Informationen lediglich Phänomene einer Einzelinformation, die durch ihre Autoinformation zu ihrer Entstehung und Wirkung keinen Informationsunterschied benötigt.

Wir wollen unsere Hypothese noch etwas weiter treiben und uns hierbei nicht von etwaigen Widersprüchen oder dilettantischen Fehleinschätzungen abschrecken lassen.

Eine Einzelinformation erfasst keine Vergleichsgröße. Sie steht für sich selbst und kennt keinen Informationsunterschied. Wenn sämtliche Informationen eine Einzelinformation sind, wären sämtliche Elementarteilchen im Grunde identisch. Jeder messbare Informationsunterschied (Spin) wäre somit nur der jeweilige Kopplungseffekt, den jener identische oder kosmische Link hervorruft. Wir können auch sagen: Erst die syntaktische Nennung in einem mehrstufigen Elementarcode bestimmt die jeweilige funktionale (syntaktische, semantische und praktische) Zuordnung von Elementarteilchen. Ihre Zuordnung ist der identische Link, der eine Gesamtheit von Gestalt verbindet. Mit anderen Worten: Natur kann sich möglicherweise doch aus sich selbst erschaffen. Sie erschafft sich indem sie ihre Einzelinformation mit sich selbst koppelt und ihrer Informationsgleichheit somit einen Informationsunterschied präsentiert.

Dass dieser (messbare) Informationsunterschied durch die zwangsläufige Informationsgleichheit der singulären Ursache per se überhaupt nicht existiert, ist unbedeutend für den Informationspool, der hier entsteht. Denn dieser Informationspool geht ebenso aus der Einzelinformation hervor, wie er von ihr benutzt wird, um zu expandieren.

Das Ergebnis dieser Expansion sind besagte Phänomene mit ihrem (messbaren) Informationsunterschied.

Kurz, der verfügbare Informationspool ist für die Einzelinformation die Erfahrung zwischen singulärer, statischer Gleichheit und binärem, expansivem Unterschied.

Eine Einzelinformation,
die sich für den Unterschied entscheidet,
entscheidet sich für Evolution.

Dies lässt nur einen Schluss zu: Eine Natur, die aufs offensichtliche Wirken von Evolution programmiert ist, muss sich hierfür zuvor bereits im Mindesten einmal selbst gekoppelt und somit reprogrammiert haben. Andernfalls wäre zwar die Erfahrung, aber nicht die Entscheidung zum Unterschied möglich.

Der zweite Hauptsatz der Thermodynamik[1], der die Irreversibilität physiologischer Vorgänge beweist, zeigt uns wohin die Entscheidung zum Unterschied führt. Eine stets zunehmenden Entropie[2] als ‚Richtungsmedium von Informationsverlust' steht letztlich für die Aufhebung von Informationsunterschied durch Zunahme von Informationsgleichheit.

Im Klartext: Jede Evolution verläuft bis zum Punkt, an dem jener Informationsunterschied, der ihre Möglichkeit zur Entscheidung grundsätzlich bedingt, durch zwangsläufigen Informationsverlust in ein finites Gleichgewicht übergeht.

Die zwangsläufige Informationsverlust ist hier die Folge der Entscheidung. Ein Gleichgewicht, das jeden Unterschied durch Gleichheit aufhebt, ist die Unmöglichkeit jeder weiteren Entscheidung. Exakt diese Unmöglichkeit fixiert aber den Unterschied in der Gleichheit. Der Unterschied ist noch da, ebenso wie die Milch, die sich homogen im Kaffee verteilt hat. Er kann nur nicht mehr genutzt werden, um den erreichten Zustand weiter zu verändern. Um eine weitere Veränderung zu bewirken, muss der entstandene Informationsverlust durch Selbstkopplung oder Autoinformation wieder ausgefüllt werden. (Wir kommen später nochmals eingehend darauf zurück.)

Zum jetzigen Zeitpunkt halten wir folgendes fest: Information ist Voraussetzung und Grundlage von Natur. Die Funktion von Natur ist die Gestalt von Information. Evolution ist also das Design einer Natur, das durch binären Informationsunterschied operiert und sich als Gestalt herausbildet. Der binäre Teil von Information ist hierbei der identische oder kosmische Link und Träger der Autoinformation.

Da das Wesen von Evolution Progressivität oder ansteigende Effizienz von Gestalt (Gestaltwandel) ausdrückt, programmiert sich der identische oder kosmische Link sämtlicher Information durch eine zunehmende Effektivität von Informationskenntnis. Allein der Gestaltwandel sichert den Fortbestand von Gestalt.

Die Zunahme effektiver Informationskenntnis darf zurecht mit dem Begriff Evolution in Verbindung gebracht werden. Denn ihr Wesen lässt sich allenthalben beobachten, ob an terrestrischer Morphogenese oder an interstellaren Prozessen.

Evolution ist ansteigender Gestaltwandel.

Die messbare Vergrößerung des kosmischen Informationspools als direkte und unumgängliche Auswirkung kosmischer Expansion und Evolution führt ebenso zur Vergrößerung der verfügbaren Informationsmenge, wie einem zunehmenden Informationsgehalt. Ein zunehmender Informationsgehalt, der zu Gestalt verarbeitet wird, bedeutet aber zweierlei. Zum einen bewirkt er eine zunehmende Informationsdynamik, zum anderen erfordert er eine potentere Informationsverarbeitung. Als unmittelbare Folge steigen automatisch Geschwindigkeit und Effizienz von Gestaltwandel.

Evolution ist ein Wettlauf mit der eigenen Autoinformation. Da sie zur Gestalt immer mehr Leistung umsetzt, dehnt sich ihre Autoinformation entsprechend weiter aus. Um Schritt zu halten mit der verfügbaren Information muss die energetische Effizienz, die sich in Gestalt abbildet, stets zulegen. Jede neue Information, die Evolution hervorbringt, muss Evolution hervorbringen, um nicht zu enden. Dieses ‚Hervorbringen müssen' bringt Evolution aber zugleich ihrem eigenen, physischen Leistungsmaximum ein Stück näher.

Das unausweichliche Überschreiten der maximalen Leistung durch mehr Information als verarbeitet und gestaltet werden kann, markiert möglicherweise das Ende von Evolution.

‚Das Ungestaltbare' ist letztlich nicht der binäre, sondern der primäre Teil von Information. Dieser Teil ist Träger der Autoinformation und kann jede Information des binären Teils verarbeiten und gestalten, außer der eigenen.

Wir kommen zum Ausgangspunkt:

Information ist nach menschlichem Maßstab stets der Grundbaustein von Erkenntnis. Der ‚Begriff Erkenntnis' ist in seiner Konstruktion die binär reflexive Symmetrie zwischen Informationsaspekt und Gestaltperspektive. Erkenntnis ist Selbsterkenntnis. Selbsterkenntnis ist Erkenntnis über Natur.

Das Ansammeln von Information ist noch keine Erkenntnis, aber deren notwenige Voraussetzung zur Perspektive. Ohne Informationspool besteht keine Möglichkeit zur Gestalt- oder Systembildung, die Information zusammenführt, funktional korrekt anordnet und zur zweckmäßigen Verwendung führt.

Irrtümer oder Fehler, die aus konkreter, aber noch unzureichender oder ignoranter Informationsverarbeitung resultieren, sind daher eine unvermeidliche Konsequenz bei der Suche nach korrekter Anwendung von Information.

Das gesamtheitliche Verständnis der menschlichen Spezies für den Organismus Natur wächst mit der physischen Informationsmenge, die ihre metaphysische Selbstbeobachtung bietet. Somit bildet selbst die Information, die gegenwärtig (noch) keinem direkten Nutzen dient, zu einem anderen Zeitpunkt und Informationsstand womöglich die essentielle Ergänzung zum kosmischen Link. Die gesamtheitliche Zweckmäßigkeit und Rolle selbstreflexiver Organismen als Sammler empirischer Information ist daher noch längst nicht final geklärt.

■

Metabolismus, Reflexion und Vorausschau.
Die vorliegenden Erörterungen zum evolutionären Design sind kein Gegenstand einer naturwissenschaftlichen Forschung zum Kosmos. Es sind theoretische Konstruktionen auf Grundlage metaphysischer Betrachtung. Ihr Zweck ist der analytische Einblick in die Systemgrundlagen und Autodynamik des Planeten Erde sowie das Verständnis für holistische Zusammenhänge von Leben und Kosmos auf informationstheoretischer Grundlage. Aus diesem Grund bestehen die hier angestrengten Konstruktionen, wie im Textverlauf angezeigt, auf naturwissenschaftlichen Untersuchungen und Beweisen. Wo dies nicht der Fall ist, sprechen wir stets von Hypothesen oder Spekulationen. Die ökologischen und ökonomischen Schlussfolgerungen, die hier trotz metaphysischer Hypothesen gezogen werden, stimmen gleichwohl überein mit nachweislich gültigen, allgemein anerkannten mathematischen Berechnungen und physikalischen Modellen.

Die aufgezeigten Zusammenhänge zwischen biologischen Prozessen und Energieumwandlung gelten daher ebenso für das System Erde, wie für sämtliche möglichen terrestrischen Systeme im Kosmos.

Wir kommen zurück zur wesentlichen Aussage unserer Einführung. Wir kommen zur physischen Auflage jeder metaphysischen Grundlage: den Bedingungen der Energieeffizienz unter Berücksichtigung des menschlichen Faktors.

Die Bedingungen der Energieeffizienz, um den *bewohnbaren*[3] Gesamtzustand terrestrischer Systeme langfristig aufrechtzuerhalten, sind bekannt. Die jeweiligen Links zwischen Gesamtdesign und Metabolismus sind unübersehbar.

Es mag zweifelhaft sein, ob die Frage der natürlichen Ursache anhand menschlicher Kapazität je gelöst werden kann. Dennoch besteht kein Zweifel, dass die gegenwärtige Energieineffizienz der menschlichen Mehrheit den bewohnbaren Gesamtzustand im System Erde nachhaltig verschlechtert.

Die metaphysische Fragestellung der Herkunft und Funktion von Natur kommt daher nicht folgenlos vorbei an der physischen Frage menschlicher Selbsterhaltung.

In den folgenden Kapiteln werden wir generelle und spezifische Abläufe innerhalb terrestrischer Systeme detailliert beschreiben. Hierbei stehen funktionale Aspekte von Evolution, ihre Selbststeuerung und Energieeffizienz ganz im Vordergrund. Darüber hinaus werden wir erwähnte Abläufe und zugehörige Aspekte ausführlich mit menschlichen Energiemodi abgleichen, sowie deren Ursachen und Auswirkungen eingehend erläutern. Anschließend werfen wir einen Blick auf die gegenwärtige Situation menschlicher Gesellschaftsformen, ihre kollektive wie individuelle Geisteshaltung und Psychologie.

Schlussendlich werden wir unter Einbeziehung sämtlicher faktischen Informationen Resümee ziehen und deren Auswirkungen in ökonomischen, ökologischen und ethischen Prognosen abbilden. Zunächst aber wollen wir größtmöglich ausholen, die evolutionäre Architektur und ihr gesetzmäßiges Regelwerk, die Ursachen und Wirkungen zwischen Kosmos und Atmung sowohl physisch wie metaphysisch umfassend beschreiben.

▪ REVOLUTION MINUS INVERSION

Planetarische Autonomie und subautonomer Pluralismus.
Selbststeuerung und Energieeffizienz gehen bei terrestrischen Systemen Hand in Hand. Ihre abstrakten Mechanismen sind Ausdruck der kosmischen Evolution und unterstehen einem

Binärcode, der biochemische Prozesse (Organik) an solare Energiequellen (Stern) koppelt. Die sicht- und erfahrbare Komplexität von Gestaltinformation ist durch die rigide Kausalität von Energie und Materie in terrestrischen Systemen ein phänomenales Beispiel für Informationsdichte und ansteigenden Gestaltwandel.

Es ist die subautonome Einheit Organismus, die durch ihre Selbsterhaltung zugleich die Selbststeuerung terrestrischer Systeme bewirkt. Ihre temporäre und zahlenmäßige Begrenzung durch Reversibilität bewirkt Energieeffizienz.

Biologie sind Terrabits. Sie sind die formal-infinite Menge an Alternativen, die durch eine formal-infinite Anzahl an Energieträgern pragmatisch verschränkt werden können.

Die erste Stufe der pragmatischen Verschränkung solarer und terrestrischer Informationseinheiten erfolgt durch die Bestimmung anorganischer Alternativen. Die Menge der chemischen Elemente in lokalen Systemen wird definiert vom aktuellen Zeichenvorrat, aus dem Informationseinheiten bestehen. Ein großer Vorrat an sowohl identischen wie unterschiedlichen Zeichen schafft eine große Menge an Informationseinheiten, die variabel besetzt werden können. *(Der aktuelle Zeichenvorrat ist angelegt in temporalen Ereignisklassen. Siehe hierzu ‚Dokument und Potential'.)*

Die pragmatische Verschränkung der Informationseinheiten generiert eine Vielzahl von Elementen und deren gegenseitige Variabilität. Chemische Verbindungen sind Informationseinheiten mit je zwei freien Variablen, die durch ihre Besetzung mit anderen Verbindungen temporär verschränkt sind.

(Wasser kann mit jedem Mineral. Es löst, verbindet und kombiniert anorganische Muster bzw. molekulare Strukturen zur möglichen Energieaufnahme durch solare Informationseinheiten. Terrestrische Mechanismen wie Verdunstung oder Austrocknung sind klimatische Urheber. Sie verbreiten anorganische Muster und bewirkt einen reaktiven Kreislauf, der Lichtenergie speichert.)

Die zweite Stufe der pragmatischen Verschränkung solarer und terrestrischer Informationseinheiten erfolgt durch die Verteilung von Lichtenergie.

Wenn man eine stetig vorhandene Energiemenge von einem Hauptrechner auf eine Vielzahl an kleinsten Rechnern (Einzellern) verteilt, erhält man mehr Alternativen als durch einen

Hauptrechner. Je größer die Anzahl kleinster und subautonomer Rechner, umso größer die Kapazität des Hauptrechners. Das evolutionär Meisterstück terrestrischer Systeme (Mitochondrien) bieten eine formal-infinite Anzahl an Alternativen. Die Kapazitäten und Energieeffizienz eines Hauptrechners sind im Voraus begrenzt. Die Kapazität und Energieeffizienz einer Vielzahl an kleinsten und subautonomen Rechnern erlaubt nicht nur die stetige Verdopplung (Zellteilung) von Alternativen. Die gezielte Verteilung von Energie in eine Vielzahl von Energieträgern (Organismen), verdoppelt ebenso ihre pragmatische Verschränkung. Energieverteilung- und -umverteilung durch kollektiven Metabolismus gewährleistet eine maximale Anzahl von Alternativen bei deren zeitgleich pragmatischer Verschränkung.

Chemoautotrophie, Photosynthese und Heterotrophie sind optimale Energieverteilung durch kollektiven Metabolismus und gewährleisten planetarische Autonomie durch pluralistische Subautonomie. *(Die Gesamtheit der organischen und anorganischen Welt zwischen Erdkruste und Atmosphäre ist eine Gestalteinheit, die nicht auf eine formal-infinite Anzahl an Alternativen reduzierbar ist. Ihre externe Lichtinformation stammt aus der Erfahrung temporaler Ereignisklassen. Es gibt kein Leben ohne eine Evolution, die bereits aus entropischen Dokumenten gelernt hat welche Ereignisse höheres Potential versprechen.)*

Die Selbststeuerung terrestrischer Systeme ist das Resultat einer *solarterrestrischen Revolution* von Information, die ihre Daten einer biologischer Evolution durch Energieeffizienz sichert. Die Kausalitäten von Licht und Materie, die den Zustand von Materie an Energieeffizienz bindet, sind für die physischen Abläufe terrestrischer Systeme daher unübertrefflich.

Selbststeuerung durch Energieeffizienz ist evolutionäre Signaltechnik mittels der Information von Materie. Wie für jedes Subsystem gilt auch im System Erde die Symmetrie der Energieerhaltung durch Zeitinvarianz.

Der Unterschied zu nicht-terrestrischen Systemen liegt bei terrestrischen Systemen in planetarischen Datenspeichern, die Energieumwandlung an Selbststeuerung durch Energieeffizienz binden. Nicht-terrestrische Systeme besitzen keine Datenspeicher für Solarinformationen und somit keine Möglichkeit zu biologischen Emergenz mittels chemischer Verschränkung. Sie betreiben keine Energieumwandlung durch Stoffkreisläufe und organischen Stoffwechsel. Solarinformationen haben keinen Einfluss auf ihre Selbststeuerung und Energieeffizienz. Daher unterliegen sie ausschließlich der kosmischen Signaltechnik von Solarsystemen.

Evolutionäre Signaltechnik ist ein Phänomen kosmischer Signaltechnik. Anders ausgedrückt: die Datensätze der kosmischen Signaltechnik laufen für jedes Subsystem gleichermaßen ab - durch die Gleichförmigkeit der Zeit. Allein das Zusammenwirken von solarterrestrischer Information, das aus kosmischer Signaltechnik (Gleichförmigkeit von Zeit) unvorhersehbar hervortreten kann, bewirkt die evolutionäre Signaltechnik von Planeten. Es ist die **solarterrestrische Information**, die solare und planetarische Revolution (1+1) durch zeitliche Inversion (-1) zu Evolution (1) führt. Die Datenspeicher terrestrischer Systeme verarbeiten hierbei die Lichtinformation von Sternen:

Solarterrestrische Revolution (2) - Inversion (-1)
= biologische Evolution (1)

Solarbits sind potentielle Revolution und aktivieren planetarische **Terrabits.** Die Energieumwandlung der Solarbits durch Terrabits ist die erfolgreiche Durchführung der Revolution. Zeitliche Inversion ist hier die Struktur der Datenverschränkung von Solarbits und Terrabits, Evolution die biochemische Reversibilität der Terrabits. Diese Evolution ist der ständige Neustart der biologischen Programme, eine beständige Wiederholung der terrestrischen Datensequenz. Das Erstaunliche ist, dass sich die Sequenzen diese Datensätze mit der Fortdauer von Evolution stets effizienter programmieren. (Man nehme die Metallizität als Beweis für eine gesamtheitliche Evolution.) Wir formulieren hieraus zwei mögliche Alternativen zur Systematik von Information und stellen sie zur allgemein gültigen Verständlichkeit schematisch dar.

Entweder 1(+1)-1=1 oder 1(+0)-1=0

■ SIGNALTECHNIK

(REVOLUTION - INVERSION = EVOLUTION)

$$1(+1)\text{-}1 \gtrsim 1$$

Die Semantik der Signale und ihre Schaltung.
Mechanik ist ein klassischer Begriff, der in der modernen Kosmologie zu Recht Bauchschmerzen verursacht. Das Uhrwerk, das unter Einbeziehung physikalischer Begriffe in Gang gesetzt wird und Bewegung verursacht, drückt nicht mal ansatzweise aus, was Relativitäts- und Quantentheorie (jede Theorie für sich) im 20. Jahrhundert erörtert haben. Die Erkenntnis spezifischer Äquivalenz, Komplementarität oder Relation sind allesamt Gestalt einer holistischen Emergenz, in der Anfangs- und Randbedingungen jede reduktionistische Methode zur umfassenden Beschreibung eines Status Quo zum Scheitern verurteilen.
Wir sprechen daher nicht von Raumzeit, Quanten oder Elementarteilchen. Stattdessen versuchen wir das Thema Kosmos und Evolution aus Sicht einer vereinfachten Informationstheorie. Der Begriff Mechanik vermittelt hier zwar eine komplexe Bildhaftigkeit, die exzellent in Richtung der angestrebten Darstellung weist. Auf dem Feld der Information ist er aber deplatziert. Daher ziehen wir den allgemeinen und unverfänglichen Begriff der *Technik* vor. Die Vereinheitlichung technischer Beschreibungen gelingt unter der Betrachtung einer Anwendung von Wissen.
Technik ist Anwendung von Wissen unter Erfahrung, wobei Effektivität und Effizienz nicht im Sinne erhöhter Produktion, sondern als Ergebnis von Kooperation und Synergie gedeutet werden, deren Höhepunkte besagte Emergenz bewirken.
Ein anderer Begriff von zentraler Bedeutung ist *Signal*. Es ist zum einen ‚das Zeichen‘ , das in einem zuvor festgelegten Regelwerk Auslöser einer Reaktion ist und bildet die formale Wurzel für sämtliche Kausalitäten. Zum anderen bildet der ‚Begriff Signal‘ seinerseits informative Querverbindungen.
Signal ist Grundlage für Information. Entweder verkörpert es die grundlegende Kausalität von Informationsverarbeitung oder es ist selbst Träger von Information. Signalverarbeitung ist Infor-

mationsverarbeitung. Das jeweilige Signal das verarbeitet werden soll, wird hierbei gesendet durch einen spezifischen Kanal. Sender und Empfänger betreiben also Kommunikation.

Wir kombinieren den Begriff Technik mit dem Begriff Signal und erhalten Modus Operandi von Evolution: Signaltechniken, die durch Informationsaustausch und -zugewinn stets effizienter programmiert werden. Natur generiert Informationen, operiert mittels Signalen und betreibt Kommunikation. Die irreversible Verlaufsrichtung von Information erzeugt Fakten, die im lokalen Datenspeicher einen temporalen Vorrat an potentieller Information zur Verfügung stellen. Dieser Vorrat an potentieller Information erhöht Effizienz und Effektivität von Kommunikation und somit die Alternativen von Gestalt.

Die elektromagnetische Information der Photonen (1) ist potentielle Revolution durch Lichtenergie. Ihre Information ist codiert. Sie ist codiert durch die Signalfrequenz der elektromagnetischen Welle und trifft auf die Datenträger von Planeten (0).

Terrestrischer Wasserstoff ist ein potentieller Datenspeicher für solare Photonen und kann die Lichtinformation bei entsprechenden molekularen Voraussetzungen (Vorkommen, Anordnung) decodieren.

Terrestrischer Wasserstoff ist das planetarische Pendant zu solarem Wasserstoff. Ihre Interaktion besteht in der Systemverarbeitung der Lichtinformation an der planetarischen Oberfläche und entspricht dem Schlüssel-Schloss-Prinzip.

Die jeweilige Verschränkung der Datenspeicher von terrestrischem Wasserstoff mit den im System vorliegenden Datensätzen chemischer Elemente bewirkt **terrestrische Reaktion** (1).

Diese Reaktion besteht in der Datenverarbeitung von Lichtinformation mit terrestrischen Oberflächen. Die Lichtinformation aktiviert die zuvor mittels Wasserstoff verschränkten Datensätze chemischer Elemente. Der Wasserstoff

Das binäre Zusammenwirken von solarterrestrischer Information (1+1) bewirkt die Alternative von energetische Revolution (2) und baut biochemische Konstanten (**Terrabits**).

Die biochemische Energieumwandlung terrestrischer Aspiranten setzt nun eine evolutionäre Signaltechnik in Gang. Die decodierten Informationen der Photonen finden in der biochemischen Varietät von Chemotrophie, Autotrophie und Photosynthese ihre optimalen Empfänger. Das neuentstandene Programm ist Biologie. Die Sequenz für ihren terrestrischen Bauplan (Evolution) ist in den Terrabits enthalten.

Aber es gibt noch ein wesentliches Problem, das biologische Komplexität und Wachstum gegen ihre eigene Expansion und Speicherkapazität stellt. Das Problem von Evolution in terrestrischen Systemen ist die Vervielfältigung ihrer Daten (Expansion) auf begrenztem Raum. Terrabits folgen ebenso dem Binärsystem, wie der gesamte Kosmos (0 oder 1).

Terrabits (1) sind begrenzte Datenspeicher für Solarbits (1).

Terrestrische Systeme sind geschlossene Systeme. Sie sind zwar durchlässig für Licht- und Wärmeinformation, verbitten aber ebenso Energieineffizienz, wie infinites Wachstum $(1+1+n)$.

Organische Existenz ist energetisch begrenzt. Sie kann nicht expandieren über die evolutionäre Signaltechnik ihrer Enzyme und Substrate. Jede temporäre Überexpansion an organischer Existenz oder Energieineffizienz wird daher revidiert.

Da Evolution zugleich ein autodynamischer Prozess ist, kann sie nur beständig fortwirken durch Energieerhaltung.

Dies gilt für sämtliche Subsysteme, ob nicht-terrestrisch oder terrestrisch. Hier ist auch das Problem biologischer Evolution.

Die allgemeine Lösung ist diese: die Binärcodes der Natur bedienen sich einer **Inversion.**

Die Struktur jeder Signaltechnik wird definiert durch Zeit (-1), da gleichförmig und unumkehrbar.

Da nicht-terrestrische Systeme keine Energieumwandlung mittels Solarbits betreiben und folglich keine biologische Evolution durchlaufen, ergeben sich aus der zeitlichen Inversion auch keine unmittelbare Konsequenzen für diese Systeme. Sie besitzen bereits die für Evolution erforderliche Energieeffizienz.

Die biologische Evolution in terrestrischen Systemen ist Teil einer gesamtkosmischen Evolution.

Für terrestrische Systeme mit ihrer Energiewandlung von Solarbits ergibt sich hieraus: Erst Zeit führt durch den Effekt einer völligen organischen Reversibilität (Destruktion und Energieerhaltung) zu organischer Evolution $(2-1=1)$.

Organisches Recycling, Umwandlung in anorganisches Material und erneute Wiederverwertung chemischer Verbindungen

zum Aufbau von Organismen werden in terrestrischen Systemen reguliert durch die Datenspeicher der Terrabits.
(Die terrestrische Selbststeuerung durch Energieeffizienz, ersichtlich an den planetarischen Stoffkreisläufen, ist die Datenübertragung der Terrabits aufs Gesamtsystem.)

Die Evolution biochemischer Prozesse durch subautonome Einheiten (Organismen) ist begründet in deren Reversibilität. Biologie ist Gestaltwandel auf Grundlage evolutionärer Signaltechnik. Ein Schritt zurück sind hier zwei Schritte vorwärts. Die temporäre Energieumwandlung organischer Existenz schließt den Mechanismus der Energieeffizienz, der eine Selbststeuerung des Systems bewirkt. Erst jetzt kann biologische Evolution (1) beständig fortwirken. Ihre terrestrischen Datensätze und die Abläufe ihre Signaltechnik sind im jeweiligen Planeten gespeichert und bleiben stets erhalten. Solarbits (1) sind für dieses System immer die potentielle Voraussetzung zu Evolution durch Revolution. Die Gesamtenergie des Systems bleibt hierbei ebenso unveränderlich wie seine Gesamtmenge an chemischen Elementen. Dies ist der Modus evolutionärer Signaltechnik, der zu Erhaltung der Terrabits und somit zur evolutionären Datenerhaltung des gesamten Subsystems führt.

Wir vereinfachen: Sterne sind Informationsquellen. Sie enthalten verschlüsselte Information über Energie: Solarbits. Ihr Licht sendet diese Information zu sämtlichen Planeten im Kosmos. Planeten sind mögliche Datenspeicher für Solarbits. Aber sie können diese Information nur dann entschlüsseln, wenn ihre jeweiligen Datenträger mit der Signalfrequenz des Lichts übereinstimmen. Stimmen die Datenträger eines Planeten überein, verarbeiten die Datenspeicher des Planeten die erhaltenen Information über Energie. Planeten sind Sammelstellen für Information. Die Informationen von Sternen können nun planetarisch genutzt werden: Terrabits. Der Planet beginnt in seinem eigenen System mit der Ansammlung solarer Information (Energieumwandlung der Sterne). Es entsteht Leben (biologische Evolution).

Leben ist auf primärer Stufe Energieumwandlung von Sonnenlicht durch organische Prozesse. (Die Information beginnt klein und simpel: Urbakterien. Die Ansammlung von Information durch relativ einfache Gestalt wird komplexer: Pflanzen.

Solarenergie wird endlich chemische Energie. Um seinen gesamten Zeichenvorrat anzuwenden, muss es im System aber eine eigenständige Kinetik entwickeln. Es muss mobil werden: Tiere. Doch Leben besitzt noch eine wesentliche Eigenschaft. Es kann sich vervielfältigen. Und da es sich vervielfältigt, kann es auf begrenztem Raum nur bestehen, wenn es temporär beschränkt wird. Im Umkehrschluss: da Leben temporär beschränkt wird, kann es sich räumlich vervielfältigen.

Solare Energieumwandlung auf Planeten ist reguliert durch Zeit. Um diese Energieumwandlung und folglich Leben zu erhalten, wird Leben durch Zeit stets räumlich begrenzt und somit erhalten. *Die Selbststeuerung einer Energieumwandlung mittels biologischer Evolution ist Selbststeuerung durch Energieeffizienz.*

Wir halten fest: Die evolutionäre Signaltechnik terrestrischer Systeme ist das Resultat von Revolution (solarterrestrischer Information zur Energieumwandlung) durch eine zeitliche Inversion (Reversibilität) von organischer Evolution (ersichtlich durch Zellcodierung). Sie umfasst das pluralistische Gesamtgefüge des Mikro-Makrokosmos, koppelt Licht an Organik, Organik an Anorganik und agiert als Unität.

Wir übertragen unsere Hypothese ins Metaphysische:

In der Natur geschieht nichts grundlos. Natur begeht keine Irrtümer oder Fehler. Es gibt nichts Überflüssiges, Sinnloses oder Unvernünftiges im Kosmos. *Die binäre Sprache von Natur ist die semantische Kausalität von 0 und 1.*

Es wäre eine vergebliche Mühe und Unfug von Natur vorsätzlich Kernkraftwerke in die Zentren von Planetensystemen zu platzieren, wenn deren Information zur Nutzung von Energie nicht ab und zu von exakt hierfür vorgesehenen Datenspeichern empfangen, festgehalten und genutzt würde. Und es wäre ebenso eine sinnlose Aktion von Natur ab und zu terrestrische Systeme zu generieren, wenn diese Systeme anhand ihrer Seltenheit und spezifischen Eigenschaften nicht eine ganz bestimmte kosmische Funktion besäßen:

Die gezielte Verarbeitung von Information.

Solarbits sind Starter kosmischer Mechanik und deren Datensätze, aus denen Subsysteme entstehen. Ihre Informationen sind Querverbindungen zwischen den Datensätzen von Subsystemen, die sämtliche Möglichkeiten beinhalten.

Der Kosmos kann nur bestehen, wenn sein Binärcode die Möglichkeit der Evolution stets einbezieht. Die solarterrestrische Information ist Bestandteil des kosmischen Binärcodes. Terrabits und ihre Möglichkeiten von biochemischer Reaktion existieren nicht durch den Kosmos.

Der Kosmos kann nur existieren, wenn er die Möglichkeit der Evolution jederzeit zur Verfügung stellt. Der Beginn der Energieumwandlung terrestrischer Systeme ist der Beginn einer evolutionären Signaltechnik, in der eine kosmische Signaltechnik mittels solarterrestrischer Information temporär modifiziert wird. Diese Modifizierung ist der Zwischenschritt biologischer Reversibilität, der sich zur systemimmanenten Fortdauer von Evolution temporale Inversion zunutze macht.

Biologische Evolution ist ein Abbild kosmischer Evolution. Wie sich die Datensätze kosmischer Signaltechnik mit jedem lokalen Neustart stets effizienter reprogrammieren, programmiert sich auch biologische Evolution mit der Fortdauer organischer Prozesse innerhalb terrestrischer Systeme stets effizienter.

■ BINÄRCODE

(POTENTIELLE REVOLUTION - INVERSION = POTENTIELLE REVOLUTION)

$$1(+0)-1 \geqq 0$$

Die Verknüpfung der Signale von Gestaltinformation.
Die kosmische Neutralität (0) ist immer die potentielle Möglichkeit zu evolutionärer Signaltechnik. Sie ist die Null vor und die Null hinter jeder Eins. Sie bringt somit den temporären Zwischenschritt einer evolutionären Signaltechnik zur Wirkung (1) und führt ihn durch temporale Inversion von Gestalt (-1) zurück zu kosmischen Neutralität (0).

Die potentielle Revolution durch Solarbits (1) ist programmiert im lokalen Neustart kosmischer Signaltechnik.

(Null ist immer, was Eins nicht ist, aber sein kann. Null besitzt daher immer nur eine Alternative, während Eins sämtliche Alternativen besitzt, außer einer einzigen Alternative: Null).

Die Datensätze kosmischer Signaltechnik laufen immer gleich ab. Sie laufen von einer kosmischen Neutralität in die Nächste (Null wird Null). Aber diese Datensätze haben nur eine einzige Alternative, um ihre kosmische Neutralität wieder zu verlassen und ihre temporalen Abläufe von Neuem zu starten: Sie müssen zwischen ihren Zuständen kosmischer Neutralität sämtliche Alternativen (1) zulassen, die Solarbits mit sich bringen.

Die kosmische Signaltechnik operiert primär über Licht und Masse. Masse erscheint, ihre Erscheinung wird modifiziert. Aber sie kann nur erscheinen, wenn Licht ihr Raum und Zeit gibt: die homogene Struktur, in der sie sich bewegen kann.

Licht ist Ereignis. Es erscheint, es wird modifiziert. Aber es kann nur erscheinen, wenn es mit Masse verschränkt wird.

Die Informationen von Licht und Masse sind durch Wechselwirkung gekoppelt. Ohne Solarbits, deren potentielle Revolution durch Masse Bewegung und somit zeitliche Inversion bewirken, kann kosmische Signaltechnik ihre Neutralität nicht verlassen, keine Subsysteme bauen und anschließend wieder in ihre Neutralität zurückkehren. Ihre Lichtinformation ist unerlässlich für Zeit und Raum. Wie sollte ohne zeitliche Struktur (Trägheit) Bewegung von Masse und folglich Signaltechnik stattfinden?

Was wir Sterne nennen sind konkret betrachtet Informationssender, deren Lichtinformation ebenso das homogene Zusammenwirken von Raum (Transportweg) und Zeit bewirkt, wie deren Masse (Masseninformation) in Wechselwirkung mit Planeten, Nachbarsystemen und einem lokalem Datenspeicher Gravitation erzeugt. *(Wir beschreiben den lokalen DS später.)*

Die Lichtinformation ist die schnellte Möglichkeit zum Informationstransport in der Natur. Da sie stets den kürzesten Weg von ihrer Quelle nimmt, sind Lichtstrahlen gerade[4].

Gravitation ist das emergente Phänomen einer homogenen und relativ geringen Informationsdichte (Raumzeit), die ebenso aus Licht- und Masseninformation hervorgeht, wie sie zugleich ihrerseits Massen- und Lichtinformation verschränkt. Dass die Lichtinformation selbst durch die gekrümmte Raumzeit den kürzesten Weg nimmt, zeigt, dass Solarbits ausschließlich an Masse gebunden sind. Der kosmische Binärcode verbindet stets Physik und Metaphysik. Seine gesamten Kopplungseffekte sind programmiert auf gegenseitige Ergänzung. Das heißt, sämtliche Information ist multidimensional gekoppelt.

Der Lichteffekt benötigt die Kopplung von Masse zur Ordnung der Raumzeit. Während Licht Raum erschafft, erschafft Masse Zeit. Die Gravitation benötigt Raum und Zeit, die ihrerseits Licht und Masse koppeln. Das Wesentliche: jede Einzelinformation besitzt im Mindesten eine Gemeinsamkeit, die sie zu gegenseitiger Ergänzung und Systembildung befähigt. Diese Gemeinsamkeit, die Übereinstimmung formuliert, ist nicht nachweisbar in der jeweiligen Einzelinformation gespeichert.

Die jeweiligen Einzelinformationen für Licht, Masse, Raum oder Zeit sind an sich nutzlos. Sie aktivieren ihre Teilfunktion erst durch Zusammenführung sämtlicher übrigen Einzelinformationen, die zur Systembildung erforderlich sind. Das heißt, wenn sämtliche erforderlichen Systeminformationen sich gegenseitig entschlüsseln, dann enthält jede Einzelinformation bereits vorab den identischen Zugang zu sämtlichen übrigen Informationen, aus denen der finale Datensatz besteht.

Dass dieser identische Zugang bisher nicht wissenschaftlich nachweisbar ist, hängt an der Einzelinformation, die isoliert betrachtet inaktiv bleibt oder sich experimenteller Simulation entzieht. (*Ob Solarsysteme letztlich Planeten anziehen und/oder ausbilden, Planeten besitzen oder nicht, ist bedeutungslos für sämtliche Möglichkeiten von Information, die durch Entropie zur Verfügung stehen. Ob Struktur mit Sternsystem oder völlig lichtlos - dies alles sind zufällige Varianten, die im Kosmos mit den Ereigniswerten von Entropie einhergehen.*)

Die Datensätze der kosmischen Signaltechnik mit ihrem Zeichenvorrat von potentieller Revolution enthalten auch immer die potentielle Möglichkeit terrestrischer Datenspeicher zur Decodierung solarer Information.

Es ist die Information, die sich durch ihre Energieumwandlung und Ausführung von Entropie und Evolution selbst antwortet.

Der kosmische Binärcode ist der allgemeine Bauplan einer kosmischen Signaltechnik, deren Datensätze Systeme durchlaufen. (0 wird 0). Solarbits stellen lediglich die Information von potentieller Revolution zur Verfügung. Sie bestimmen aber nicht die jeweiligen Datensätze von Subsystemen. Tempo und Modifikation dieser Datensätze, der Aufbau von Subsystemen hängen an den bereits vorhandenen Datensätzen jeweiliger Nachbarsysteme. Kein System ist autonom.

Die externen Vorgänge um neue Sterne (Masseninformation) beeinflussen den jeweilige Systemaufbau. Sie beeinflussen die physikalisch-chemische Interaktion von Elementen und Umgebung, die Stärke der Lichtinformation und definieren daher die Gestaltungsmöglichkeiten für Sterne und ihre Subsysteme.

Wir vereinfachen: der kosmische Binärcode ist ein Programm, das den gesamten Kosmos abbildet. Dieses Programm besteht aus einer infiniten Anzahl von Informationen, die über Licht (Sender), Masse (Empfänger) und Zeit (Kanal) operieren.

Diese Informationen bewirken eine kosmische Signaltechnik (Zusammenwirken von Raum und Zeit), die zu Datensätzen geordnet wird. Erst sie verschränkt Licht und Masse.

Jedes Subsystem im Kosmos entsteht aus kosmischer Neutralität, durchläuft seine finiten Datensätze und kehrt zurück in die kosmische Neutralität. Die Informationen seiner Datensätze sind indessen gespeichert im kosmischen Programm und somit Bestandteil kosmischer Signaltechnik.

Sämtliche Subsysteme im Kosmos bestehen also aus Datensätzen, in der die fundamentale Ordnung kosmischer Signaltechnik gleichermaßen gilt. Aber erst das Zusammenwirken sämtlicher Datensätze programmiert den kosmischen Binärcode und dessen Signaltechnik.

Das Programm ‚Kosmos' kann nur ablaufen, indem seine Signaltechnik sämtliche verfügbaren Information zu Datensätzen verarbeitet und permanent durchs gesamte System schickt.

Die fundamentalen Abläufe seiner Signale sind daher nicht denkbar ohne die Synergie seiner Subsysteme. Sämtliche Information im Kosmos ist durch die Querverbindung Entropie/Evolution miteinander verschränkt. Sie erzeugt Kopplungs- und Synergieeffekte:

Das Binärsystem Natur.

■

Die Symmetrie von Informationsaspekt von Gestaltperspektive.
Das Binärsystem Natur ist ein adaptiver Gesamtkomplex von Gestaltinformation, wobei das Ereignispaar Information und Gestalt wechselweise durch situative Alternativen geschickt wird. Ereignis Information wird transformiert in Ereignis Gestalt, Ereignis Gestalt in Ereignis Information.

Information kann daher auch als der kontinuierliche Aspekt von Wirklichkeit bezeichnet werden, Gestalt als ihre diskrete Perspektive. Jedem Wirklichkeitsaspekt, den Information ausdrückt, lässt sich folglich exakt eine symmetrische Wirklichkeitsperspektive zuordnen, den Gestalt abbildet. Die wechselweise Realisierung von Information in Gestalt und umgekehrt erfolgt hierbei über den Informationskanal Zeit.

Betrachten wir den Begriff der Wirklichkeit, wird deutlich, was der binäre Gesamtkomplex von Gestaltinformation bedeutet.

Wirklichkeit ist nichts Finales. Sie ist ein temporäres Produkt der individuellen Symmetrie von Aspekt und Perspektive, das die infinite Transformation von Information und Gestalt beschreibt. Information erzeugt Aspekt, Gestalt ihre Perspektive. Erst Aspekt erlaubt Perspektive. Aber erst Perspektive kann Aspekt bestimmen. Ein Beispiel: HELIUM besteht aus mehr als einer Informationseinheit. Es besteht also aus mehreren Aspekten. Aber die Menge seiner Aspekte (spezifische Eigenschaften) wird erst bestimmbar durch die Menge der Perspektiven (Betrachtungsweisen), die HELIUM in Gestalt darstellt.

Jede Gestaltperspektive hängt also immer ab von jeweiligen Informationsaspekten, die präsentiert werden. Da Information aber eine holistische Gestalt präsentiert, in der HELIUM unendlich viele Informationsaspekte darstellt, bleibt die Gestalt eine Unendlichkeitsperspektive. *‚Wir sehen immer nur aus der Sicht von Gestalt (Von innen) nach außen. Also erkennen wir auch immer nur Aspekte, die wir von innen sehen können.'*

Jedes symmetrische Ereignispaar von Information und Gestalt erzeugt durch seine alternative Funktion eine Wirklichkeit, die Aspekt und Perspektive voneinander trennt und getrennt hält. Die Objektivierung von Wirklichkeit ist folglich ein Akt der Unmöglichkeit.

■

Informationsleere vs. Information.
Wir wollen hier kurz einhaken, um die Unterschiede zwischen kosmischem Binärcode (Steuerung sämtlicher Alternativen) und Binärsystem (Herkunft sämtlicher Alternativen) hinreichend zu definieren. Binärcodes bezeichnen den Modus Operandi der Informationsverarbeitung (0 oder 1), Binärsysteme dagegen den Modus Operandi der Informationsschaltung (2). Binärcodes sind die flexible Ausführung einer maximal möglichen Anzahl von Datensätzen. Binärsysteme die fixe Struktur, die sämtliche vorhandenen Informationen zunächst in eine maximal mögliche Anzahl von Datensätzen kombiniert.

Die Logik liefert uns trotz ihrer Begrenztheit ausgezeichnete Indizien für die regenerative Selbstkopplung einer Singularität, die ihre Einzelinformation durch Abweichung binär aufhebt. Dieses ‚Etwas', genannt Natur und anwesend durch den Kosmos, ist womöglich nichts anderes als die *Anomalie* des Nichts. (Ein ‚Etwas' ist kein Nichts. Es besteht im Mindesten aus einer Einzelinformation (Zeichen), das sich von der Informationsleere eines Nichts unterscheiden muss.) Ein ‚Etwas' ist immer Information, während ein Nichts stets Informationsleere ausdrückt.

Hieraus ergeben sich direkt zwei Fragen.

Die erste Frage: Wie kann aus einer völligen Informationsleere Information entstehen?

Die zweite Frage: Wie werden aus einer Einzelinformation zwei unterschiedliche Informationen?

Hierfür definieren wir zunächst den Begriff der Information. Was ist Information? Wir bedienen uns der Informationstheorie: Information ist eine Maßeinheit für Gestalt. Die kleinstmögliche Informationseinheit (Entscheidung zwischen zwei Möglichkeiten) ist ein Bit. Gestalt ist der Informationsgehalt, den ein Bit als Ereignis erzeugt. Durch die Wahrnehmung unserer (menschlichen) Werkzeuge und Erkenntnisorgane ist Gestalt das Ereignis, das durch Anwendung von Information stattfindet. Für uns ist Gestalt ein vierdimensionaler Körper, der aus Elementarteilchen besteht. Auch die Umkehrperspektive ist hier valide: Elementarteilchen, die einen vierdimensionalen Körper erzeugen. Sie ist sogar vorzuziehen, da objektiver.

Gestalt besteht aus exakt soviel Informationseinheiten wie nötig, um sie zu generieren. Ihre Komplexität und Qualität hängt ab von mehreren Faktoren:

a) dem individuellen Leistungsvermögen von lokalem Informationskanal (Entropie/Evolution) und Datenspeicher (Zeit),

b) der Qualität von Informationsverarbeitung (Effizienz), die mit a) einhergeht,

c) dem aktuellen Zeichenvorrat bzw. der verfügbaren Informationsmenge (dokumentierte und potentielle Information) zur Gestaltbildung.

Je größer nun a-c), umso potenter der binäre Informationsunterschied zur maximal möglichen Gestaltbildung: Evolution

Evolution ist Gestaltwandel, Effizienz ihr Programm. Ihre Möglichkeit von Gestalt (durch Informationszunahme) ist somit ein Programm von zunehmend effizienter Informationsverarbeitung.

Jetzt ließe sich folglich argumentieren, dass die zunehmende Gestalt, infolge einer wachsenden Effizienz von Informationsverarbeitung, auch die Möglichkeit von Gestalt immer weiter ausdehnt. Aber dies ist ein Irrtum. Das Programm, das Gestaltbildung und Gestalt zugrunde liegt, kann nur eine begrenzte Informationsmenge verarbeiten.

Information ist im Kosmos ebenso quantitativ begrenzt wie Energie oder Masse. Eine Informationsmenge, die ihre maximales Potential an binärem Informationsunterschied erreicht hat, kann keine Gestalt mehr bilden. Die Unmöglichkeit des Gestaltwandels durch maximale Effizienz ist zugleich die Unmöglichkeit zum Fortbestand von Evolution: die Auflösung von Natur. Tatsächlich?

(Die Gestalt von Information (Evolution) würde nach Definition der Entropie solange zunehmen, bis die mikroskopische Menge an Information ihre makroskopische Möglichkeit an Gestalt übersteigt. Die Folge wäre die sichere Auflösung von Evolution durch binären Stillstand oder einsetzende Informationsgleichheit. Wir gehen weiter unten nochmals darauf ein.)

Zurück zur **Antwort zur ersten Frage**:

Auch die völlige Informationsleere ist nicht gänzlich ohne die Möglichkeit der Informations- bzw. Gestaltbildung. Selbst die sterilste Fläche enthält Fremdpartikel, die sich durch die spezifische Beschaffenheit der Fläche an einer bestimmten Stelle ansammeln und verbinden können. Dies wäre die Entstehungsursache besagter Anomalie. Die Verunreinigung der Fläche durch Verbindung von Fremdpartikeln wäre bereits ausreichende Information für Gestaltbildung.

Im Klartext: Selbst die Informationsleere eines ‚Nichts‘ muss strukturelle Unregelmäßigkeiten aufweisen, die zur vorübergehenden Bildung einer autonomen oder kompletten Einzelinformation (Anomalie) führen kann, aber nicht muss.

Wir bezeichnen diese strukturellen Unregelmäßigkeiten hier als **Präinformation von Gestaltbildung (Zeichen)** und formulieren eine Hypothese: Information kann, aber muss ‚als Gestalt‘ aus keinem Nichts hervortreten und kosmisch expandieren.

Ihre Präinformation (Zeichen) kann, aber muss durch seine ‚Freiheit von Formalien‘ kein Nichts verdrängen. Die Präinformation von Natur kann daher unbeirrt variieren oder experimentieren. Hat sich aus Präinformation aber eine ‚brauchbare‘ Einzelinformation zur Gestaltbildung generiert, verdrängt ‚Gestalt‘ durch ‚zwangsläufige‘ Verarbeitung der Einzelinformation auch ganz automatisch das Nichts. (Evolution ist der Zwang zu ständigem Gestaltwandel durch Anhäufung und erneute Verarbeitung von gegenwärtig angehäufter Information. Nur auf diese Art kann die ‚Gestalt von Natur‘ überhaupt bestehen.)

Die Konsequenz einer ‚erfolgreichen Gestaltbildung’ ist theoretisch so absehbar wie unübertrefflich. Hat Gestalt nur einmal die Informationsleere verdrängt, verbleiben selbst nach ihrem möglichen Verschwinden *Informationsfragmente*, die jene strukturellen Unregelmäßigkeiten des Nichts erklären oder dessen Potential für ‚brauchbare’ Informationsbildung sogar erhöhen dürften. (Die Brauchbarkeit von Information misst sich hierbei an ihrer Brauchbarkeit für binäre Verarbeitung. Kurz, die Information von Gestalt muss und kann zu ihrer ‚Wandelbarkeit‘ nur binär sein.)

Sämtliche Information für Gestalt, ihre Gesamtmenge an Größen im Kosmos wären in der ‚erstmals erfolgreich gestalten‘ Einzelinformation bereits festgelegt. Das gesamte Programm von Evolution wäre somit lediglich die Ausführung der ‚erstmals erfolgreich gestalteten‘ Einzelinformation, die durch eine zunehmende Gestaltbildung immer deutlicher zeigt, was sie will: Ihren eigenen Informationsunterschied einholen.

Die Antwort zur zweiten Frage: Das sichere und stetige Vorhandensein von Präinformation oder Informationsfragmenten, die sich zur ‚brauchbaren‘ Einzelinformation verbinden können, nimmt die Gestalt von Information (Entropie/Evolution) bereits vorweg. (Anbei: Das Mimimum-Maximum-Prinzip von Effizienz entspricht Synergie. Es bestimmt das Programm zum kleinstmöglichen Aufwand mit größtmöglichem Effekt.

Es ist einfacher aus Informationsfragmenten ‚brauchbare‘ Informationen zu rekonstruieren, als erst durch Experimente komplett neue Informationen zu erstellen. Wenn ich brauchbare Einzelteile von einem Fahrrad habe, versuche ich diese Einzelteile zusammenzubauen und fehlende Teile zu ergänzen, statt die Einzelteile fortzuwerfen und dann das Fahrrad grundlegend neu zu erfinden.

Es ist ebenso einfacher, eine ‚beliebige‘ Information, die einem Datensatz entnommen wurde, wieder dort zu integrieren, als eine ‚bestimmte‘ Information im Datensatz aufzufinden und zu entnehmen. Wenn ich in einem Buchregal erst ein bestimmtes Buch suchen muss, verliere ich Zeit. Wenn ich in meinem Buchregal eine einzelne Lücke habe, weiss ich exakt, wohin das Buch gehört, das gerade auf dem Tisch liegt.)

▪

Der *Aufbau von Information oder Die Identität ihrer Zeichen.* Welches erste Fazit ziehen wir also aus dem Verhältnis von Information und Gestalt? Die regenerative Selbstkopplung einer ursprünglichen Einzelinformation oder ‚erstmals erfolgreich gestalteten‘ Autoinformation operiert nicht im Modus einer für Dualsysteme üblichen Kontrajunktion, die sich für die eine (0) oder andere Alternative (1) entscheidet.

Diese Fähigkeit besitzt die Autoinformation nicht. Ihre Informationsgleichheit kennt noch gar keinen Informationsunterschied. Daher muss der Weg von Gleichheit zu Unterschied ein anderer sein und über die binäre Ebene von Information stattfinden. Der Modus einer grundlegenden Konjunktion, die sämtliche Alternativen (1) bereits aus einer ‚Alternativlosigkeit‘ (0) generiert, liefert hier einen möglichen Lösungsansatz.

Es gilt nicht das Ausschlussverfahren des Entweder A Oder B, das als kosmischer Binärcode spontane Entscheidungen trifft und diverse Formen an Subsystemen kreiert. Es gilt die Inklusion des Sowohl A als Auch B: die spontane Entscheidung für ‚zwei Dinge zugleich‘, die der Einzelinformation die Unterscheidung ihrer Gleichheit ermöglicht. Indem sich die Auto- oder Einzelinformation regeneriert, d.h. ‚zugleich‘ kopiert und mit sich selbst koppelt, ist nicht mehr identisch mit der nichtgekoppelten Auto- oder Einzelinformation. Die Einzelinformation hat sich aufgeteilt in zwei unterschiedliche Informationen. Sie hat sich aufgeteilt in eine nichtgekoppelte Einzelinformation von Informationsgleichheit (0) und eine gekoppelte Einzelinformation von Informationsunterschied (1).

Der identische Informationsanteil beider Informationen bleibt hierbei bestehen. Er bleibt bestehen, da erst ein identischer Informationsanteil verschiedener Informationen binäre Variation, umfassende Informationskooperation und die Möglichkeit zu Gestaltwandel gewährt. Die Abläufe der biologischen Zellteilung erweisen sich an dieser Stelle als exzellentes Anschauungsmaterial für einen plausiblen Vergleich.

Die Inklusion der Gesamtheit möglicher Alternativen in die Einzelinformation ist der Spielplatz einer Singularität, die sich durch einen identischen Zugang zwischen eigener Informationsgleichheit und eigenem Informationsunterschied selbst programmiert und reprogrammiert. Denn das Sowohl A als Auch B ist stets die Prämisse zur ‚situativ zweckmäßigen/funktionalen und spontanen‘ Entscheidung zwischen A und B.

Jede Entscheidung besitzt an ihrer Basis zwei Alternativen. Die Wahrscheinlichkeit der Wahl für eine der beiden Alternative erhöht sich mit dem ‚situativen Potential‘ der Alternative. Potential bedeutet hier einen konkreten Erwartungswert: die informativen Möglichkeiten für eine physisch-metaphysische Dualität. Denn informative Möglichkeiten sind die spielerische Grundlage zur Vergrößerung von Gestaltinformation, sowie komplexer Gestalt und Evolution.

Die *Uralternative* ist letztlich die Entscheidung der Autoinformation zu einer physisch-metaphysischer Dualität, die Information und Gestalt gegenseitig vervielfältigt, flexibilisiert und ‚alternativ‘ repräsentiert.

Wir wollen es noch etwas anschaulicher machen:
Jede Information besteht im Mindesten aus zwei Ebenen, einer syntaktischen und einer semantischen Ebene. Die Syntax ist ihr Regelwerk, die Semantik ihre Bedeutung. Somit ist jede Information ‚in sich' dual oder binär. ‚In sich' bedeutet die Funktion, die sie ‚von Natur aus' besitzt, um eine gesamtheitliche Zweckmäßigkeit zu erfüllen. Ihre Dualität oder Zweideutigkeit macht sie offen für ihren weiteren Verlauf, der in je zwei Richtungen stattfindet. Eine Richtung verkörpert ihre gegenwärtige Möglichkeit, die andere ihre potentielle Möglichkeit.

Gegenwärtige Information ist gegenwärtige Möglichkeit, die sich ausschließlich an Vergangenheit misst. Potentielle Information ist potentielle Möglichkeit, die sich ausschließlich an Zukunft orientiert. Gegenwärtige Information wird durch Informationsverarbeitung die Bedingung von Gestalt: Ereignis. Potentielle Information ist Vermehrung von Information durch Gestaltwandel. Der Übergang von Gestalt zu Gestaltwandel ist durch die binäre Funktion von Information nahtlos. Gestalt ist bereits Gestaltwandel und ersichtlich durch Evolution.

Während die semantische Ebene von Information Träger der ‚erstmals erfolgreich gestalteten' und gegenwärtigen Autoinformation bleibt, vergrößert die syntaktische Ebene von Information den gegenwärtigen Informationspool um potentielle Information. Die ursprüngliche Information oder Singularität von Natur bleibt folglich in jeder weiteren Information zwar erhalten, verbreitert durch ihren ‚Zugewinn' an Information aber zugleich ihre Alternativen von Gestalt.

Kurz: Die Zeichen der Autoinformation, die sich durch binäre Information selbst identifizieren, sind Ursache von Natur.

Aber diese Zeichen bilden sich selbst nicht ab.

Was wir also beobachten können, ist lediglich ihre Reflexion: Die Gestalt von Information, die sich als Körper darstellt. Aber nicht ihre Ursache. Da wir selbst Teil des Köpers sind, bleibt uns die Zeichenidentität, die in der Autoinformation hinterlegt ist, verschlossen.

■

Definition und Semantik von Auto- und Binärinformation oder
Die Funktion dualer Gestaltinformation.

Autoinformation ist ein Dokument zur Identität sämtlicher Zeichen, aus der Natur hervorgeht, aber sich selbst nicht abbildet. Binärinformation ist ein Potential, dass sämtliche Zeichen zwar abbildet, aber deren Identität nicht kennt. Um ihre Unität mit der Autoinformation wiederherzustellen, muss die Binärinformation die gemeinsame Identität sämtlicher Zeichen klären. Dies ist ihre Funktion. Also spielt die Binärinformation sämtliche möglichen Alternativen durch, wozu sie strukturelle Evolution betreibt. Die finale Entscheidung, die keine Alternativen mehr zulässt ist die Wiederherstellung der Unität. Es ist die Klärung der gemeinsamen Identität sämtlicher Zeichen, die Natur zugrunde liegen.

Zeichen sind anomale Unregelmäßigkeiten in einem undefinierbaren Nichts. Ihr informativer Gehalt entstammt ihrer formalen Anomalie einer undefinierbaren Informationsleere. Für sich genommen sind diese Zeichen ohne Aussage. Erst ihre Kooperation (das Wiedererkennen der Form) bewirkt ihre gemeinsame Identität (besagte Präinformation).

Diese gemeinsame Identität formuliert eine Aussage, die sich von einer Informationsleere trennt: *Synergie.*

Eine Leere enthält weder Identität noch Auftrag. ‚Leere ist das Abwesende einer Entität'. Findet durch Kooperation von Anomalie eine Aussage statt, entsteht Information. ‚Sie ist, was nicht sein kann, aber ist'. Da sie aber ist, unterscheidet und scheidet sich Natur vom Nichts. Die Aussage der Zeichenidentität, die Information aus der Informationsleere hebt, ist so eindeutig, wie diskret: *‚Bring uns in Form! Bilde uns ab.'*

Wir können die Syntaktik von Information *(lat. informare für ‚bilden, formen')* daher auch als Prämisse von Natur selbst bezeichnen. Sie formuliert sowohl die Aussage ihrer zugrundeliegenden Zeichen, als auch ihre essentielle und primäre Integrationsstufe für binäre Semantik: *die Frage des ‚Warum'.*

(Fulguration ist stets ein Indikator für Pragmatik und also eine verifizierbare Integrationsstufe für binäre Semantik.)

Was hier durch Abbildung integriert wird, ist Erfahrung durch Dokument. Dokument zeigt gezielt an, was Natur durch ihre Binärinformation zu einem bestimmten Zeitpunkt anwenden kann: Fulguration. *(Es ist das Wissen der Binärinformation, wie man Information einsetzen muss, um Abbildung/Gestalt/Struktur noch effizienter zu machen. Der Effekt, der hieraus folgt, ist die Entstehung neuer Eigenschaften von Abbildung/Struktur/Gestalt, die aus vorherigem Wissensstand nicht möglich war.)*

Das Wissen des ‚Wie‘ drückt Deduktion aus. Das Austesten verläuft unbewusst, da programmiert. Es ist eine rekursive Methode, um die Ursache seiner Programmierung zu ergründen. Die Ursache seiner Programmierung ist das Wissen des ‚Warum‘, dem Natur durch Evolution nachgeht. Gestalten! Immer weiter gestalten. Bis die eigene Ursache (Zeichenidentität) geklärt ist.

Fulguration ist somit das integrative Potential von Evolution, dass aus Dokument hervorgeht und als Ereignis stattfindet. Es findet statt, um (aus Sicht von Natur) immer etwas mehr über sich selbst und die eigene Bedeutung (Zeichenidentität) zu erfahren.

Information fragt nicht: ‚Warum soll ich euch abbilden?‘

Sie tut es. Sie erfüllt die Aussage durch ihre binäre Funktion. Die Trennung von Autoinformation und Binärinformation ist die Trennung der Zeichenidentität von ihrem Programm.

Die Autoinformation steht für die Zeichenidentität, aber bildet sich selbst nicht ab. Die Binärinformation steht für die Abbildung der Zeichen, aber nicht deren Identität. Sie ist programmiert auf die Zeichenidentität. Also muss die Binärinformation durch sämtliche möglichen Alternativen und abbilden, wofür die Autoinformation steht und ‚stehen kann‘.

Wir verdeutlichen die Abläufe: Eine binäre Entscheidung ist eine Alternative. Eine Alternative ist eine Informationseinheit (1 Bit). Sie besteht aus der syntaktischen Anordnung einer endlichen Menge an Zeichen, die durch einen Vorrat identischer Zeichen erst semantisch (Zeitkoordinate) zugeordnet und anschließend pragmatisch (Ereignis) abgebildet wird.

Eine Informationseinheit ist ein Ereignis von Gestalt. Viele Alternativen sind entsprechend viele Ereignisse von Gestalt. Die Menge an Gestaltereignissen, die zwischen zwei definierten Zeitpunkten stattfindet, enthält Ereigniswerte.

Ereigniswerte sind ein Dokument für Entropie. Sie werden durch einen Informationskanal gemessen, in einen Datenspeicher übertragen und dort archiviert.

Die Erfahrung von Ereignissen, die durch ihre Dokumentation (Gedächtnis) entsteht, dient als Potential für zukünftige Ereignisse (Strategie.)

Was wir für die Zukunft lernen kommt aus der Vergangenheit.

Das Dokument von Gestaltereignissen ist hier das Potential für die Evolution von Gestaltereignissen. Der wiederholte Umgang mit Ereignis ist das Potential zur Optimierung von Ereignis.

Je mehr ich etwas übe, umso besser wird meine Leistung.

Der binäre Wissensstand wird für uns deutlich durch:

a) eine gezielte Anwendung von Alternativen (Effizienz),

b) eine ansteigende Menge an Alternativen (mehr Informationseinheiten in Ereignissen).

Was wir Evolution nennen, beschreibt hierbei die diskrete Integrationsstufe einer binären Semantik. Es ist das temporal fortschreitende Erlernen der Zeichenidentität.

Wenn ich eine Sportart trainiere, erlerne ich nach und nach neue Techniken. Wenn ich neue Techniken beherrsche, erreiche ich eine weitere Integrationsstufe, in der Sportart, die ich ausübe.

Die pragmatische Abbildung neuer Technik ist Fulguration: ein neue Ereignis von Gestalt, das nur durchs Zusammenwirken bestehender oder längst statt gefundener Ereignisse erklärt werden kann. Dass auch längst statt gefundene Ereignisketten, die in der Vergangenheit liegen, eine Rolle spielen, macht eine detaillierte Begründung für jeweilige Fulguration umso schwieriger. Die einzige plausible Erklärung liegt im Datenpotential der jeweiligen lokalen Zeitkoordinate, das kurz vorm Erreichen der nächsten Integrationsstufe zum Tragen kommt.

Kurz, die Binärinformation lernt mit jeder neuen Technik etwas mehr über die Zeichenidentität, die in der Autoinformation hinterlegt ist.

Die Abbildung der Zeichen wird somit temporal deutlicher.

Das Dokument der Zeichenidentität, dass nun eine Selbstkopplung von Natur erst ermöglicht, kann nur deduktiv, anhand einer progressiven Pragmatik und Rückkehr der Binärinformation in die Autoinformation semantisch entschlüsselt werden. Hierfür sind sämtliche möglichen Alternativen an Entscheidung, die aus der ursprünglichen Trennung (*Uralternative*) von Auto- und Binärinformation hervorgehen, vonnöten.

Das Programm der Effizienz, das ein Zusammenfassen mög-lichst vieler Alternativen (Informationseinheiten) anhand einer holistisch-strukturellen Evolution beschreibt, ermöglicht der Binärinformation die graduelle Annäherung an die Autoinfor-mation. *(Welche Rolle Dokument und Potential in Informations-kanal und Datenspeicher hierbei konkret einnehmen, werden wir später noch klären.)*

TERRESTRISCHE INFORMATION

1. Lichtinformation ist potentielle Revolution. Solarbits plus Terrabits sind informative Revolution. Revolution minus temporäre Inversion ist Evolution. Evolution ist die Information der *Energieerhaltung durch Zeitinvarianz*[5].

2. Der Informationskomplex Mathematik ist ebenso Gestalt von Information wie Evolution. Er ist ein fortschreitendes Werkzeug von (Selbst)Erkenntnis mittels Zugewinn an Information. Der gegenwärtige Wissensstand dieses Werkzeugs liefert ein recht plausibles Erklärungsmodell für ein kosmisches Koordinatensystem und veranschaulicht, womit wir es bei physikalischer, chemischer und biologischer Evolution eigentlich zu tun haben.

Die Information der fundamentalen Grundkräfte (Elektromagnetismus, starke und schwache Wechselwirkung) sind gleichwertige Koordinaten, die für sämtliche physikalische Systeme gelten. (Die Gravitationswelle ist ein emergentes Phänomen dieser Grundkräfte.) Der Informationsgehalt von Gestalt in jedem lokalen Bezugssystem ist besetzt durch Skalare (Massen- und Lichtinformation) und führt durch freie Vektoren (chemische Elemente) stets zu gegenseitiger Ergänzung. Ihre Konsequenzen sind absolut und ergeben sich aus der Gleichwertigkeit der Koordinaten.

Die Variante der biochemischen Reaktion, die eine größtmögliche Kooperation anorganischer und organischer Verbindungen in terrestrischen Systemen (z.B. Erde) voraussetzt, ist wiederum das Ergebnis einer potentiellen Emergenz anorganischer Muster. Chemische Elemente (Wasserstoff, Helium, etc.) sind hier freie Vektoren und bilden durch ihre Addition mit den Skalaren (Masse, Energie) komplexe Verbindungen, die den zusätzlichen Vektor der *Synergie*[6] hervorrufen - vor allem durch die ausgeprägte Reaktivität von Wasserstoff.

Die Addition aus freien Vektoren (chemische Elemente) und Skalaren (Masse, Energie), die auf gleichwertigen Koordinaten (Grundkräften) basieren, bewirken katalytische Prozesse.

Diese Prozesse bauen unter Lichtinformation die Datensätze evolutionärer Variablen. Was wir biochemische *Fulguration*[7] nennen ist eine Folge der Verschränkung dieser Datensätze. Es ist der multidimensionale Effekt einer größtmöglichen Kooperation, die sich aus dynamischen Ereignisfolgen ergibt.

Das aktuelle Klima der Erde ist das Ergebnis der Wechselwirkungen zwischen Atmosphäre und Geologie im *Präkambium*[8]. *Chemoautothropie*[9] ist das Ergebnis der Wechselwirkungen zwischen anorganischen Mustern und spezifischen Milieus. Konsumenten sind das Ergebnis der Wechselwirkungen zwischen Photosynthese und Stoffkreisläufen.

Das chemische Element Wasserstoff ist das Primärereignis der energetischen Revolution. Es ist das häufigste Element des Kosmos, bildet also dessen atomare Hauptmasse oder häufigsten Baustein von Ereignis. Seine molekulare Struktur besitzt das größtmögliche Potential zu anorganischen wie organischen Verbindungen. Wasserstoff ist essentieller Baustein von Gestalt. Folglich ist es der essentielle Baustein chemischer und biologischer Evolution in terrestrischen Systemen.

Die Gestalt von Information, von sämtlichen Sternen bis zu sämtlichen Organismen, ist verbunden durch Wasserstoff. Die Kernfusion in Sternen mittels Wasserstoff, die ihre Licht- und Wärmeenergie in lokale Systeme transportiert, korrespondiert mit den Wasserstoffverbindungen, die Wasser und Organismen hervorbringen. Die informative Verknüpfung, die größtmögliches Potential für Ereignis und höchste Komplexität für Gestalt schafft, ist offensichtlich.

Es ist für terrestrische Systeme irrelevant, ob die Biogenese im System aus *endogener* oder *exogener Synthese*[10] erfolgt ist. Es macht für den biologischen Fortbestand keinen Unterschied, ob vorhandene Lebensformen im System Erde nun durch systemimmanente Prozesse, eine molekulare Zufuhr aus dem interstellaren Raum oder durch Kombination von beidem entstanden sind. Die energetischen Gesetzmäßigkeiten der Biosphäre von terrestrischen Systemen sind für sämtliche Organismen bindend. Was für spezifische Gestalt gilt, gilt für sämtliche Teile aus denen spezifische Gestalt besteht.

Die wissenschaftliche Suche oder spirituelle Erklärung nach dem menschlichen Ursprung oder der Singularität des Kosmos sind zwar noble und achtbare Bemühungen, aber gleichwohl irrelevant für die biologischen Gesetzmäßigkeiten, denen organische Strukturen von Gestalt unterliegen.

Eine totale Lösung oder fundamentale Erkenntnis für menschliches oder kosmisches Design ändern nichts am chemischen Alphabet, aus denen Organismen codiert oder ‚genannt' werden. Die grundlegende Relevanz, die in der funktionalen Aufrechterhaltung von Organismen mittels Metabolismus liegt, erfordert ein menschliches Verhalten, das ‚aus Eigeninteresse' die funktionale Aufrechterhaltung organischer Strukturen und somit die Möglichkeit menschlicher Existenz erst gewährleistet.

3. Die Stoffkreisläufe in terrestrischen Systemen (z.B. Erde) sind eine pluralistische Einheit aus gleichwertigen Koordinaten, freien Vektoren und Skalaren, die den zusätzlichen Vektor der Synergie hervorrufen. Die Information der Chemotrophie und folglich Phototrophie folgen der optimalen Energieumwandlung einer potentiellen Emergenz anorganischer Muster. Indem sie die Möglichkeiten von Wachstum (organischer Input) und Wachstumsgrenzen (anorganischer Output) miteinander koppeln, sind sie größtmögliches Ereignis von Gestalt und Ausdruck der kontinuierlichen Symmetrie zwischen biochemischer Reaktion (Revolution) und solarer Energieeffizienz (Evolution).

4. Die organische Zelle ist das (vorläufig) finale Produkt evolutionärer Signaltechnik. Sie überträgt die *Energieerhaltung durch Zeitinvarianz* auf sämtliche biologischen Vorgänge terrestrischer Systeme. Der Informationskanal von Energie und Materie nimmt organische Formen an. Die systemimmanente Selbststeuerung durch Energieeffizienz wird subtiler und entfaltet eine größtmögliche organische Kooperation. Aber die Konsequenzen einer kontinuierlichen Symmetrie[11] sind für Organismen und organische Welt unverändert absolut. Die Vektoren im Koordinatensystem sind und bleiben fix.

Terrestrische Systeme erfahren also die gleichen Konsequenzen einer Energieerhaltung durch Zeitinvarianz wie jedes x-beliebige System. (Der mathematische Beweis einer systemimmanenten Gesamtenergie, die stets erhalten bleibt, gibt allerdings keine Auskunft über die Nutzung und Möglichkeiten von Energieumwandlungen innerhalb von Systemen.)

Eine massive Störung biochemischer Stoffkreisläufe durch eine irreversible Energieumwandlung seitens des Menschen, wie im System Erde gegenwärtig ersichtlich, führt letztlich dazu, dass diese Gesamtenergie zwar bestehen bleibt, durch organische Prozesse aber nicht mehr genutzt bzw. umgewandelt werden kann. Das Resultat ist eine partielle oder (durch multidimensionale Effekte) komplette biologische Infertilität[12] - der erzwungene Rückzug terrestrischer Systeme auf organische Grundstrukturen: Einzeller.

5. Die Energieumwandlung der Photosynthese ist die Erschließung solarer Kernfusion (Lichtinformation) durch Organismen. Dies ist der entscheidende Schritt zur größtmöglichen Komplexität und Sublimierung von Gestalt. Er vereinigt den permanenten Zustand energetischer Revolution mit den biogenetischen Fortschritten organischer Evolution. Ihr reversibler Modus ist die zyklische Formel der evolutionären Autodynamik. Organische Evolution als direkte Folge energetischer Reversibilität unterliegt der Energieeffizienz ihrer Energieumwandlung.

Die biochemische Reaktion in terrestrischen Systemen ist nur möglich durch eine optimale Nutzung ihrer Energiequelle (Umwandlung der Solarbits) in chemische Energie und folglich in sämtliche übrigen Energieformen. Biologie ist die sichtbare Expansion chemischer Energie mittels organischer Vielfalt. Sie ist Reversibilität mittels terrestrischer Energieeffizienz.

6. Die Wechselwirkungen von organischer und anorganischer Chemie sind im System Erde codiert durch die Stoffkreisläufe der Biosphäre. Diese Stoffkreisläufe bestehen durch fundamentale Kooperation. Stickstoff, Kohlenstoff, Wasserstoff und Sauerstoff agieren als organischer Input und anorganischer Output der Biosphäre. Ihre Stabilität unterliegt einem energetischen Gleichgewicht, der sämtliche biochemischen Vorgänge im System Erde einbezieht. Eine exakte Grenze zwischen anorganischen und organischen Prozessen ist durch die multidimensionale Symbiose von Stoffkreisläufen und Stoffwechsel nicht haltbar.

7. Der Unterschied zwischen organischer und anorganischer Existenz liegt in ihrer funktionalen Aufgabe in den Stoffkreisläufen. Die Verfügbarkeit von anorganischem Material ist der ständige Output in den Stoffkreislauf, der erst die Möglichkeit zum ständigen Input von organischem Material bietet.

Der spezifische Sättigungswert oder die Speicherkapazität chemischer Verbindungen in Substrat oder Atmosphäre sind der jeweilige Gradmesser zur Generierung der biochemischen Reaktion. Vereinfacht: Organische Existenz, der offensichtliche Ablauf in den Stoffkreisläufen, hängt somit an der Katalyse von anorganischem Material, dem unscheinbaren Ablauf in den Stoffkreisläufen.

8. Die biologische Evolution hat die Regeln für das energetische Gleichgewicht zwischen Input und Output im System Erde codiert durch den Stoffwechsel der organischen Zelle. Die organische Zelle besteht ausschließlich durch Energieeffizienz. Die Funktionalität der Stoffkreisläufe in diesem System ist die Voraussetzung zur Funktionalität des Stoffwechsels von Organismen. Terrestrische Stoffkreisläufe und organischer Stoffwechsel bilden durch ihre gegenseitige Ergänzung eine Einheit. Für die Energiebilanz der organischen Welt gibt es keinen Unterschied zwischen den terrestrischen Stoffkreisläufen und dem Stoffwechsel von Organismen.

9. Der Stoffwechsel der organischen Zelle transformiert die Energie der Stoffkreisläufe durch Aufnahme von Nährstoffen, Flüssigkeit und/oder Sonnenlicht. Die physikalische Maßeinheit für die Energie, die der Stoffwechsel hierbei konsumiert, ist das Joule[13], das die Maßeinheit sämtlicher Energieformen bildet. Die Energie, die eine organische Zelle durch ihren Stoffwechsel konsumiert, steht dieser Zelle zur Produktion (biologischen Selbsterhaltung) zur Verfügung.

10. Energieproduktion und Energiekonsum der organischen Zelle sind der Input in die Stoffkreisläufe. Die Destruktion der organischen Zelle, die ihre Energieproduktion und ihren Energiekonsum einbezieht, ist der Output aus den Stoffkreisläufen. Konsum und Produktion der organischen Zelle sind somit äquivalent zu ihrer Biomasse und erzeugen ein energetisches Gleichgewicht in den Stoffkreisläufen. Dieses energetische Gleichgewicht in terrestrischen Systemen funktioniert durch die Selbststeuerung der Biosphäre und lässt sich beschreiben durch dem Begriff der Energieeffizienz.

11. Die organische Zelle ist das Richtmaß für Energieeffizienz in terrestrischen Systemen. Ihre Energieeffizienz liegt bei 100%. Ihr Energiekonsum kann ihre Energieproduktion nicht übersteigen. Ihre Energiespeicherung durch Energieumwandlung unterliegt der Funktion des Stoffwechsels, der jeder Energiespeicherung durch Organismen organische Grenzen setzt.

12. Dieses Richtmaß für Energieeffizienz ist nicht nur gültig für die Umwandlung jeder x-beliebigen Energieform in den Stoffkreisläufen. Sie gilt ebenso für jede Energiespeicherung, jede Energieproduktion und jeden Energiekonsum.

13. Die terrestrische Kausalität von Energie und Materie lässt sich nicht verändern. Sie ist die Gestalt von Information. Jeder Modus der Energieumwandlung, der die Speicherkapazität der organischen Zelle überschreitet, ist ebenso ineffizient, wie jede Energieproduktion, die ihren Energiebedarf übersteigt. Eine reversible Energieumwandlung, die nicht in den Stoffkreislauf eingreift und ökologische Rückstände vermeidet, nähert sich der Energieeffizienz der organischen Zelle. Wenn ihre Energieproduktion überdies noch den Energiebedarf der organischen Zelle deckt, ist sie effizient.

14. Organische Existenz funktioniert ausnahmslos durch Energieeffizienz. Ihr Input ist gleich ihrem Output. Es gilt: Energieumwandlung gleich Biomasse, Energiebedarf gleich Selbsterhaltung. Allein die Transformation des Input-Output bewahrt die Möglichkeiten der Energieumwandlung, sowie die Reversibilität organischer Existenz durch biochemische Reaktion mit anorganischer Existenz.

15. Die Stoffkreisläufe in terrestrischen Systemen besitzt eine spezifischen Speicherkapazität. Ihr Input kann nicht mehr Energie genieren als ihr Output regulieren kann. Die Speicherkapazität beschreibt u.a. die Fähigkeit diverser Speicher (Atmosphäre, Hydrosphäre etc.) innerhalb der Stoffkreisläufe zur Aufnahme und Reversibilität von chemischen Verbindungen. (Siehe Kohlenstoffdyoxid durch den Kohlenstoffkreislauf oder Nitrat durch den Stickstoffkreislauf.)

Jede forcierte Energie, die diesen Sättigungswert übersteigt, greift in die Stoffkreisläufe (Kohlenstoffdyoxid, Nitrat) und führt zu Rückständen, die den Stoffwechsel der organischen Zelle erschweren. Der Vorgang, der durch Übersättigung der Stoffkreisläufe (in Luft, Boden und Wasser) zum Tragen kommt, nennt sich Selbstregulation[14]. Er basiert auf der Wechselwirkung von Input und Output. Übersteigt der Input den spezifischen Sättigungswert der Biosphäre, wird er durch den Output wieder abgesenkt. Diese Absenkung geht in der Praxis einher mit einer partiellen oder kompletten biologischen Infertilität.

16. Freie Energie und latente Energie sind zwei völlig verschiedene Dinge. Freie Energie, umgewandelt aus Sonnenlicht, Wasser- oder Windkraft greift nicht in die Stoffkreisläufe und hat daher keinen Einfluss auf den Sättigungswert der Biosphäre. Sie ist ein reversibler Vorgang, da das System durch Umwandlung von Energie, die sich bereits im System befindet, keine bleibenden Veränderungen zeigt.

Latente Energie, gewonnen aus dem organischen Material fossiler Brennstoffe, greift in die Stoffkreisläufe und übersteigt den Sättigungswert der Biosphäre. Sie ist ein irreversibler Vorgang, da das System durch Umwandlung von Energie, die nicht Teil eines Systems ist, bleibenden Veränderungen zeigt.

17. Das Prinzip Organ-Zelle gilt für die gesamte kosmische Evolution. Der planetarische Organismus[15] ist das spezifische Modell der Evolution in terrestrischen Systemen. Dieses Modell umfasst sämtliche Bereiche zwischen Atmosphäre und Erdkruste. Es besteht ausschließlich durch Stoffkreisläufe, die jeden Ablauf innerhalb der Biosphäre steuern. Input und Output an Energie, die diese Stoffkreisläufe auf sämtlichen Ebenen der

Ökologie beschreiben, sind äquivalent und unterliegen der Selbststeuerung des planetarischen Organismus.
(Dieser Organismus mit seinen spezifischen Bedingungen ist somit eine einzelne Zelle im Organ einer Galaxie, die wiederum ein einzelnes Organ im kosmischen Gesamtorganismus bildet. Eine Zelle ist Teil eines Organs. Die Vorgänge in einem Teilsystem sind somit immer eine Teilfunktion der nächst größeren Teilfunktion.)

18. Die Selbststeuerung terrestrischer Systeme, (die zugleich stets Teilsysteme größerer und nicht-terrestrischer Systeme sind), ist das Produkt einer evolutionären Kooperation zwischen teilautonomen, lokalen Mikrokosmen und dem kosmischen Makrokosmos, der durch die Gesamtheit seiner lokalen Mikrokosmen gesteuert wird.

Sehen wir auf die Selbststeuerung im lokalen Mikrokosmos Erde: sämtliche ökologischen Ebenen sind hier verbunden durch ein energetisches Gleichgewicht zwischen organischem Input und anorganischem Output. Die Energiebilanz eines einzelnen Teilsystems unterliegt somit den spezifischen Vorgaben der evolutionären Bedingungen in diesem jeweiligen Teilsystem. Diese Vorgaben entsprechen zugleich den funktionalen Vorgaben des nächst größeren Teilsystems. Der Metabolismus des planetarischen Organismus im System Erde ist definiert durch das multidimensionale Zusammenwirken sämtlicher Teilfunktionen an Organismen und deren Substrate.

19. Jede Energieumwandlung benötigt eine Energiequelle. Die Umwandlung einer Energieform in eine andere Energieform ist verbunden mit zusätzlicher Energie. Die Energie, die zur Umwandlung einer Energieform in eine andere Energieform verwendet wird, ist nur reversibel, wenn sie keinen Einfluss auf die Stoffkreisläufe des Systems nimmt.

20. Freie Energie ist reversibel. Was durch ihre Transformation in From von Existenz an einer Stelle in die Stoffkreisläufe eintritt, tritt an einer anderen Stelle durch deren Transformation in existenzielle Grundlagen wieder aus ihnen hervor.

21. Latente Energie ist irreversibel. Da sie (zeitlich absehbar) nur einmal gewonnen und nur einmal genutzt werden kann, steht sie den Grundlagen von organischer Existenz nicht mehr zur Verfügung.

22. Energieeffizienz ist stets reversibel, ganz gleich auf welcher Stufe der Energieumwandlung oder Transformation in den Stoffkreisläufen. Eine Energieumwandlung im System Erde, die mittels Energieeffizienz operiert, führt automatisch zu biologischer Selbsterhaltung.

23. Energieineffizienz ist stets irreversibel, ganz gleich auf welcher Stufe der Energieumwandlung oder Transformation in den Stoffkreisläufen. Eine Energieumwandlung im System Erde, die mittels Energieineffizienz operiert und somit massive Störungen in den Stoffkreisläufen hervorruft, führt automatisch zu biologischer Selbstschädigung.

24. Die Gesamtmenge an chemischen Verbindungen und die konstante Rate an Solarenergie, die in einem geschlossenen System (Erde) Energieumwandlung ermöglichen, ändern sich nicht. Stickstoff, Kohlenstoff oder Wasser gehen nie verloren. Sie können weder vermehrt noch vernichtet werden. Die unveränderliche Gesamtmenge an chemischen Verbindungen und die konstante Rate an Solarenergie ergeben die unveränderliche Gesamtmenge an potentiell verfügbarer Energie im System Erde. Am Ende ist es allein der gegenseitige Nutzen von Organismen, der durch eine planetarische Selbststeuerung organische Funktionalität aufrecht erhält. Kurz, biochemische Prozesse steuern sich durch gegenseitige Ergänzung.
Wenn die Rate an Solarenergie konstant und die chemische Gesamtmenge im System Erde stets erhalten bleiben, dann bleibt auch die Gesamtinformation, der das Ereignis für Gestalt im System Erde zugrunde liegt, ebenso unveränderlich.
Diese Gesamtinformation ist definiert durch gegenwärtige Information (Entropie), die sich stets zwischen Vergangenheit und Gegenwart bewegt. Sie bleibt solange bestehen, bis im System keine weitere Informationsverarbeitung (durch Energie) mehr stattfinden kann.

An diesem Punkt wird gegenwärtige Information (maximale Entropie in Folge von Evolution) komplett in Vergangenheit überführt und durch potentielle Information (Evolution in Folge minimaler Entropie) ersetzt.

Der gesamte Informationsstrom (Elementarteilchen) muss für das ‚Ereignis' Gestalt durch einen zentralen Informationskanal. Da Gestalt Evolution bedeutet, erfolgt mit jedem Gestaltwandel auch automatisch eine weiterer Zugewinn von Information.

Ein Zugewinn an Information kann sich aber nur als Gestalt abbilden, wenn er zentral gespeichert wird und lokal abrufbar ist.

Gestaltwandel, ob kosmisch oder biologisch, ist programmiert in einem multilokalen Informationskanal. Wir nennen ihn Zeit. Die Gestalt von Information erscheint und verschwindet durch Zeit, wobei Erscheinen und Verschwinden natürlich nur eine ständige Zustandsänderung im Informationsstrom ausdrücken.

Der Informationsstrom wächst an. Er wächst durch Zugewinn an Information, die Grundlage für Größe und Komplexität von Gestalt bilden. Aber Zeit ist nicht nur ein Informationskanal zwischen Informationssender und -empfänger. Ihre Funktion beinhaltet auch das Speichern von Information.

Information kann Gestalt nur komplexer abbilden, wenn ihre Menge nicht nur ständig zunimmt, sondern auch stets effizienter verarbeitet wird. Die Zustandsänderungen im Informationsstrom, die sich vorrangig durch lokale Modifikationen von Informationssender (Energie) und Informationsempfänger (Materie) äußern, gehen zurück auf den zentralen Datenspeicher Zeit. Information kann nur stets effizienter verarbeitet werden, wenn immer mehr Information verfügbar ist.

25. Revolution erschließt Energie, Evolution verteilt Energie. Der Informationssender Energie führt durch den Informationskanal Zeit zwangsläufig zum Informationsempfänger Materie. Energieerhaltung durch Zeitinvarianz ist die zunehmende Effizienz einer Information, die durch Solarbits das Ereignis für Gestalt hervorbringt.

Laut Kommunikationstheorie besteht Information grundsätzlich aus drei Ebenen: Syntaktik, Semantik und Pragmatik. Also fragen wir: Was sind Solarbits? Solarbits sind kleinstmögliche Informationseinheiten und bestehen aus Zeichen.

Informationseinheiten sind also Träger von Zeichen, die erst durch ihre feste Anordnung auch Bedeutung erhalten. Sie sind die syntaktische und semantische Ebene von Information. Ihre Syntaktik (Anordnung) und Semantik (Bedeutung) im Informationskanal Zeit sind Bedingung zur Besetzung ihrer pragmatischen Ebene. Zur Verdeutlichung: Das Nomen WASSER besteht aus mehreren Zeichen. Die Abfolge seiner Zeichen definiert seine Syntaktik; die Semantik seinen Bedeutungskontext; die Pragmatik seine Abbildung in Gestalt.

Ein Zeichen kann auf einer Informationsebene nicht mehrfach zugeordnet werden. Sind die Zeichen WASSER im Informationskanal syntaktisch angeordnet, entstehen für sämtliche identische Zeichen Redundanzen[16]. Die Anordnung WASSER ist besetzt. Also übernehmen sämtliche identischen Zeichen eine erweiterte Funktion. WASSER erhält eine Semantik. Die Bedeutung WASSER ist somit ebenfalls besetzt. Aber der Vorrat an identischen Zeichen ist noch größer. Also kommt es zur pragmatischen Besetzung von WASSER. Die syntaktisch und semantisch zugeordneten Zeichen der Information werden abgebildet. Information wird Gestalt.

Was sind Terrabits? Terrabits sind kleinstmögliche Speicher für Informationseinheiten in Materie. Ihre Speicher enthalten die pragmatische Funktion der Redundanzen, die im Informationskanal aus der syntaktischen und semantischen Besetzung identischer Zeichen entstehen. Die Information WASSER hat ihre Anordnung und Bedeutung. Jetzt wird sie ausgeführt in Gestalt. Der Grad ihrer Ausführung deckt sich mit einem aktuellen Zeichenvorrat. WASSER kann nur komplexe Gestalt annehmen, wenn Solarenergie durch Materie in chemische Energie umgewandelt wird.

Die Potenz der Terrabits wird also angezeigt durch Mikroorganismen, die Solarbits in organische Strukturen überführen. Dies gilt für sämtliche möglichen terrestrischen Systeme im Kosmos. Da die Verfügbarkeit an pragmatischer Information für Gestalt grundsätzlich unveränderlich ist, bleibt auch die Gesamtmenge an Gestaltobjekten, (da konkretisierende Komponente jener Gestalt, z.B. WASSER) unveränderlich.

Noch einmal zur Kommunikationstheorie: Die ansteigende Effizienz von Informationsverarbeitung durch eine Zunahme an verfügbarer Information entspricht der effizienten Verteilung von Informationssendern und -empfängern. Sie erhöht also die Kommunikationsfähigkeit zwischen Sender und Empfänger, beschleunigt und erleichtert den Informationstransfer in Gestalt und beschreibt ansteigenden Gestaltwandel.

An dieser Stelle müssen wir fragen: Was ist Effizienz?

Effizienz ist die methodische Minimierung von Energieaufwand bei gleichzeitiger Maximierung von erwünschtem Effekt.

Das *Minimum-Maximum Prinzip* liefert somit das Motiv von Evolution: Maximales Ereignis von Information unter minimalster Informationsverarbeitung. Im Sinne von Natur gesprochen: Mit möglichst wenig Energie möglichst viele Alternativen von komplexer Gestalt erzeugen. Da sich die Relationen von Wahrscheinlichkeiten, denen bestehende Alternativen zugrunde liegen, selbst temporär nicht ändern, braucht es für anwachsende Gestaltinformation auch mehr Alternativen.

GESTALTERISCHE WIRKSAMKEIT

1. Energie ist ‚generell' ein Informationssender, Materie ‚generell' ein Informationsempfänger. *(Wir kümmern uns später noch um etwaige Informationshybride oder Fusionsformen von Sender und Empfänger).* Solarbits und Terrabits sind die Kausalität einer Gestaltinformation, die Informationsverarbeitung an Energieumwandlung koppelt. Ihre Kopplung erfolgt mittels Energieträger (Organismen).

Die Energiebilanz zwischen Solarbits und Terrabits ist in terrestrischen Systemen ausgeglichen. Die Solarinformation, die in ein terrestrisches System eintritt, das System erhellt und erwärmt, wird abgestrahlt und tritt wieder hinaus. Das System kühlt wieder ab. Gleichzeitig strahlt das System selbst Wärme ab, die in der Atmosphäre verbleibt. Die Energiebilanz des Systems ist durch Solarenergie und Eigenwärme des Systems insgesamt konstant. Dies ist der atmosphärische Treibhauseffekt, der Leben erst ermöglicht.[17]

2. Solarbits sind stets die oberste Prämisse für subautonome Energieträger (Organik), deren Entstehung, Entwicklung und Fortdauer. Die Energieumwandlung elektromagnetischer Wellen mittels Terrabits (planetarische Datenspeicher) bewirken biochemische Prozesse (Chemotrophie, Photosynthese), die das *komplementäre Prinzip* organischer Existenz erst erschaffen. Dieses komplementäre Prinzip ist die Grundlage von terrestrischer Selbststeuerung durch Energieeffizienz.

Terrabits sind Energieeffizienz.

Energieeffizienz führt in terrestrischen Systemen daher stets zu Evolution durch Revolution: Energieerhaltung durch Zeitinvarianz. Sie wird verkörpert durch die Wirkung von Solarbits auf Terrabits, der terrestrischen Speicherung von Solarinformation durch eine kollektive Reaktionsfähigkeit und Kooperation solarterrestrischer Informationsverarbeitung (Stoffkreisläufe).

Die Informationsverarbeitung in terrestrischen System erhält ihre maximale Effektivität im folgerichtigen Design der organischen Zelle (Mitochondrien). Metabolismus ist eine Gestaltinformation, die terrestrische Systemenergie mittels ständiger

Transformation (von Organismen) subautonom gestaltet. (Dass wir bei Metabolismus von Subautonomie sprechen, versteht sich aus der Abhängigkeit von Organismen zu ihrem jeweiligen Habitat.)

3. Die Gestaltinformation terrestrischer Systeme lässt sich beschreiben durch selbstorganisierte Strukturen. Die *Stoffkreisläufe*[18] im System Erde umfassen sämtliche Bereiche der Anorganik und Organik zwischen Erdkruste und Atmosphäre. Stickstoff, Kohlenstoff, Phosphor und Wasserstoffverbindungen sind chemische Verbindungen, die durch ihre zyklische Transformation Bausteine der organischen Welt bilden. Die Stoffkreisläufe in terrestrischen Systemen generieren und begrenzen durch ihre temporäre Verteilung und Verweildauer von Energie (chemische Verbindungen) in funktionale Einheiten (Organismen) organische Existenz.

Die Wechselwirkungen von Reproduktion und Produktion, von Produktion und Konsum, von Konsum und Reproduktion sind absolut und unterliegen in terrestrischen Systemen einer Energieeffizienz, die durch biochemische Selbststeuerung stets das energetischen Gleichgewicht von Input (Organismen) und Output (Substraten) anstreben.

Ein Beispiel: Der Stickstoffkreislauf funktioniert durch die gegenseitige Ergänzung von Organismen, die zu ihrem Wachstum und ihrer Selbsterhaltung Stickstoff aus Pedosphäre, Hydrosphäre und Atmosphäre aufnehmen. Diese zellulären Stickstoffverbindungen im Stoffwechsel von Organismen werden mit der Transformation derselben Organismen wieder freigesetzt und verfügbar zur Reaktivierung organischer Existenz mittels biochemischer Prozesse.

Ein weiteres Beispiel: Der Kohlenstoffkreislauf funktioniert durch die Kohlenstoffspeicher in Pedosphäre, Hydrosphäre, Atmosphäre, Litosphäre und Biosphäre. Jeder dieser Speicher besitzt eine spezifische Speicherkapazität für Kohlenstoffverbindungen. Die Speicher stehen in ständigem Austausch. Sie fungieren, je nach Bedarf, entweder als Quelle oder Senke für *Kohlenstoffflüsse*[19] und erzeugen ein Fließgleichgewicht.

4. Gegenwärtige Information beschreibt die Gesetzmäßigkeiten von bestehender Gestalt. Die Gestalt an der Oberfläche terrestrischer Systeme wird gesteuert von Stoffkreisläufen.

Biochemische Verbindungen sind biologische Platzhalter, die zyklisch von Organismus zu Organismus wandern. Sämtliche biochemischen Verbindungen, aus denen Organismen bestehen (Stickstoff-, Kohlenstoff-, Wasserstoffverbindungen etc.), sind von den Stoffkreisläufen nur temporär entlehnt. Sie werden durch biochemische Destruktion in ihre Grundbausteine recycelt und je nach Bedarf entweder eingelagert (fossile Brennstoffe), als Substrate gespeichert (organisches Habitat) oder direkt in die organische Welt (Metabolismus) eingebaut.

Jede freie Energiequelle (Sonne, Wind und Wasser) ist reversibel und unterliegt bereits dem energetischen Gleichgewicht von Input und Output. Bleibt eine Energiequelle ungenutzt, sind Input und Output daher kongruent. Wird eine Energiequelle dagegen genutzt, müssen Energieumwandlung, Energieproduktion und Energiekonsum reversibel bleiben, um das energetische Gleichgewicht zum Output zu erlangen.

5. Da gegenwärtige Information stets aus endlichen Alternativen besteht, formuliert sie für bestehende Gestalt eindeutige Grenzen. Jede Energiequelle in terrestrischen Systemen ist daher zwar eine Möglichkeit zum Input in die Stoffkreisläufe. Aber jede Form von Input ist bereits verbunden mit dem Output. Denn sie setzt zwangsläufig Energieproduktion und Energiekonsum in Gang.

6. Wir betrachten nun die Gesetzmäßigkeiten der bestehenden Gestalt unterm Informationsaspekt der Generalisierung.

Die Energieumwandlung terrestrischer Systeme legt die Energieeffizienz bereits fest für ihre gesamte Transformation durch die Stoffkreisläufe. Eine Energieumwandlung, die bereits ineffizient ist, bleibt auch ineffizient in ihrer Produktion und ihrem Konsum. Sie verstoßen gegen die physischen Auflagen.

7. Die Energieumwandlung terrestrischer Systeme entspricht ihrer Energieproduktion und ihrem Energiekonsum. Umwandlung, Produktion und Konsum von Energie sind ein einziger

Komplex, der organische Produktion, organischen Konsum und organische Reproduktion umfasst. Dieser energetische Komplex kann nur effizient sein, wenn die Wechselwirkungen zwischen Umwandlung, Produktion und Konsum von Energie den physischen Auflagen des Systems entsprechen.

8. Umwandlung, Produktion und Konsum von Energie führen zu Wachstum. Wachstum in einem geschlossenen System ist begrenzt. Das System Erde ist ein geschlossenes System. (Das System Ende ist zwar durchlässig für eine Energieumwandlung von Sonnenlicht. Aber es ist durch seine Stoffkreisläufe, die jede Energieumwandlung an Energieerhaltung (Evolution) bindet, dennoch ein geschlossenes System. Eine Evolution, die zwangsläufig von Stoffkreisläufen abhängt, ist nicht möglich durch eine irreversible Energiegewinnung, die gegen deren Selbststeuerung agiert.

9. Energieproduktion in einem geschlossenen System wird begrenzt durch Energieeffizienz.

10. Energiekonsum in einem geschlossen System wird begrenzt durch Energieproduktion.

11. Reproduktion in einem geschlossenen System wird begrenzt durch Energiekonsum.

12. Jeder forcierte Input in die Stoffkreisläufe durch eine Energieumwandlung mittels fossiler Brennstoffe ist verbunden mit negativen Rückkopplungseffekten im Output.
Je größer dieser forcierte Input, umso größer die negativen Rückkopplungseffekte im Output. Jede ökonomisch forcierte Energieumwandlung mittels fossiler Brennstoffen führt daher zu einer Energieineffizienz, die existentielle Grundlagen einschränken. Im Klartext: Je mehr Energie in ein System transportiert wird, umso wärmer wird dieses System.
Die irreversible Umwandlung fossiler Energieträger erhöht die Wirkung der Wärmestrahlung auf Materie. Die Temperatur des Systems steigt automatisch an, da die zugeführte Energie, die nicht Bestandteil des Systems ist, stärker mit Wärmestrahlung

interagiert. Dies ist der verstärkte Treibhauseffekt, der zu veränderten Lebensbedingungen führt.[20]

13. Organismen sind Energieträger und Energiespeicher der organischen Welt. Sie sind somit energetische Schaltstellen in den Stoffkreisläufen der Biosphäre. Ihre Reproduktion unterliegt ihrem Konsum. Ihr Konsum unterliegt ihrer Produktion. Sämtliche Produktion oder Nutzung von Energie ist somit festgelegt durch die energetische Effizienz der organischen Zelle. Eine energetische Ineffizienz in Produktion zieht daher automatisch eine energetische Ineffizienz von Konsum und Reproduktion nach sich. Die Ursache für energetische Ineffizienz im System Erde liegt in einer anti-holistischen Definition von Energie durch einen bestimmten Energieträger (Mensch). Dieser Energieträger, Teil der energetischen Kette, errichtet durch seinen Modus einer irreversiblen Energieumwandlung ein energetisches Wertesystem und verschiebt objektive Kriterien, die zur Aufrechterhaltung organischer Abläufe unerlässlich sind.

Im Klartext: Organismen unterliegen im System Erde der gleichen energetischen Funktionalität wie jedes anorganische Material. Der Unterschied ihrer qualitativen Bewertung besteht allein in ihrer anthropozentrischen Definition.

Ein Stein besteht aus Mineralen. Seine ‚unbelebte' energetische Funktionalität macht ihn unempfindlich gegen jeden Eingriff in seine chemische Verbindung. Ein Organismus dagegen besteht aus organischen Verbindungen. Seine ‚belebte' energetische Funktionalität macht ihn nicht nur empfindlich gegen jeden Eingriff in seine organische Verbindung, sondern gegen jeden Einfluss der organischen Welt. Dieser Umstand, der in der intakten menschlichen Psyche Empathie hervorruft und die Wertigkeit zugunsten des Organismus definiert, ändert, nach holistischer Definition, nichts an der qualitativen Übereinstimmung ihrer chemisch-biologischen Basis und folglich der Übereinstimmung ihrer funktionalen Ausrichtung in den Stoffkreisläufen. Diese funktionale Ausrichtung ist im Stein ebenso effizient wie im Organismus.

Allein der menschliche Organismus missachtet durch sein emotionales Unvermögen die energetischen Gesetzmäßigkeiten im System Erde. Seine Empathie, die sich fortwährend überkreuzt mit einer exzessiven Form von Ignoranz, verstärkt nur den Effekt der energetischen Ineffizienz.

14. Es sind exakt vier Faktoren, die eine energetische Ineffizienz im System Erde verursachen. Der Modus der menschlichen Energieumwandlung, der Modus der menschlichen Produktion, der Modus des menschlichen Konsums und der Modus der menschlichen Reproduktion.

Bereits der erste Faktor führt zu einem energetischen Determinismus, der die übrigen Faktoren einschließt und eine Ineffizienz bewirkt, die von den übrigen Faktoren verstärkt wird. Die Wirksamkeit der gesamten Kette steht und fällt daher mit dem Faktor der Energiegewinnung, die einen multidimensionalen Effekt erzeugt.

Die energetische Ineffizienz der menschlichen Energieumwandlung, die folglich eine Ineffizienz in Produktion, Konsum und Reproduktion bewirkt, ist ein Angriff auf die planetarischen Stoffkreisläufe und somit den menschlichen Stoffwechsel.

Da diese energetische Ineffizienz die Abläufe im Stoffkreislauf stört, ist sie zugleich ein Angriff auf die organische Zelle und die Möglichkeiten organischer Existenz. Die menschliche Energieumwandlung durch fossile Brennstoffe greift nachhaltig in die Stoffkreisläufe. Sie löst u.a. den chemisch gebunden Kohlenstoff der Böden, der in den Stoffkreisläufen zum energetischen Ungleichgewicht von Input und Output führt.

Ein forciertes Überangebot von Stickstoff durch Agrarwirtschaft und Verbrennung fossiler Brennstoffe verdrängt u.a. nitrophobe Organismen, fördert nitrophile Organismen, führt zu Artensterben und zerstört somit Ökosysteme.

Eine forcierte Freisetzung von Kohlenstoffdyoxid durch Verbrennung fossiler Energieträger überschreitet die Speicherkapazität der Atmosphäre und zerstört das Fließgleichgewicht. Die Folgen sind u.a. ein Versauern der Meere, lokale Wetterextreme, der Anstieg des Meeresspiegels und Artensterben.

Es ist daher offenkundig und temporal absehbar, was als multidimensionaler Effekt einer ökologischen Rückkopplung gewissermaßen hinten rauskommt, bei dem, was die menschliche Ökonomie an energetischer Ineffizienz vorne reinsteckt.

Die menschliche Energierevolution, die mit der Industrialisierung begonnen und binnen 300 Jahren die in der Litosphäre eingelagerte Hauptmasse an Kohlenstoff aus 3 Milliarden Jahren in die Atmosphäre transportiert hat, wird noch im 21. Jahrhundert vom offensichtlichen Entzug organischer Verbindungen eingeholt.

15. Die Konsequenzen, die aus einem energetischen Ungleichgewicht zwischen Input und Output entstehen, sind nachhaltige Veränderungen in den Stoffkreisläufen und somit Veränderungen der Biosphäre. Diese Veränderungen, Reaktionen einer ökologischen Selbstorganisation, erschweren die Abläufe in der Biosphäre und somit die Abläufe von menschlicher Produktion, menschlichem Konsum und menschlicher Reproduktion.
Das Ergebnis sind nicht nur klimatische Langzeitextreme und -katastrophen. Es ist das Überschreiten der spezifischen Sättigungswerte von Substraten durch Stickstoff sowie der Speicherkapazität der Atmosphäre durch Kohlenstoff, die zur absehbaren Einschränkung der organischen Zelle, zur erschwerten Generierung von organischer Existenz und daher zur generellen Beschränkung eines möglichen Inputs führt.
Die Dauer dieser generellen Beschränkung hängt ab von der Regenerierung der Stoffkreisläufe. Mit anderen Worten, die ökologische Selbstorganisation steuert solange gegen ihre organischen Energieträger, bis die Energieeffizienz im System Erde wiederhergestellt ist.

16. Evolution ist Energieeffizienz. Energieeffizienz ist Vernunft. Die fortdauernde und ansteigende Nicht-Beachtung der Energieeffizienz, hervorgerufen durch menschliche Einflüsse, führt zur absehbaren Einschränkung der organischen Zelle und organischen Existenz. Das Diktat der Energieeffizienz im System Erde weist ökonomische Möglichkeiten immer in den Rahmen ökologischer Notwendigkeiten.

17. Der Mikrokosmos im System Erde ist die energetische Schaltstelle zwischen organischer und anorganischer Transformation. Seine Bedingungen, Abläufe und fragile Komplexität mittels bakterieller Adaption sprengen jede menschliche

Geisteshaltung, jede Frage von Identität und jede Vorstellungskraft. Jeder Organismus im System Erde besteht nahezu komplett aus Mikrorganismen. Der Planet Erde ist kein botanischer oder tierischer Planet. Es ist ein Planet der Bakterien - ein System infiniter Mikrokosmen, gesteuert von Mikroorganismen, die gemeinsam den planetarischen Organismus bilden.

Die menschliche Geisteshaltung, Identität und Vorstellungskraft zerbrechen an der evolutionären Kooperation zwischen dem eigenen Metabolismus und den Stoffkreisläufen der Biosphäre. Die Unvernunft organisierter Gesellschaften, die eine individuelle Vorteilsnahme ermöglichen, zerstört die organischen Grundbedingungen der eigenen Spezies.

Konkret: Der menschliche Organismus, der sich von den Bedingungen der organischen Welt separiert und innerhalb seiner organisierten Gesellschaften der kognitiven Fehlfunktion seiner individuellen Vorteilsnahme keine künstlichen Barrieren errichtet hat, selektiert sich selbst.

Es darf daher zu Recht bezweifelt werden, dass es sich bei der Art Homo Sapiens um ein evolutionäres Erfolgsmodell handelt. Sie hat den zeitlichen Test der Evolution noch längst nicht bestanden, wie die Mehrzahl wirbelloser Arten oder etliche andere Wirbeltierarten. Die Rasanz der negativen Auswirkungen auf die globale Biosphäre und eigenen Lebensgrundlagen, die dieser Homo Sapiens während der letzten beiden Jahrhunderte geliefert hat, ergeben gegenwärtig keine günstigen Prognosen für seinen langfristigen Fortbestand im System Erde.

18. Die organische Welt ist die Basis jeder organisierten Struktur. Jeder Modus von Energieumwandlung, der zu organisierter Struktur führt, kann nur der energetischen Effizienz der organischen Zelle (zellulären Wechselwirkung) entsprechen.

Die Arbeitsprozesse aus Energieumwandlung, -produktion, -konsum und letztlich Reproduktion, die jeder Struktur der organischen Welt zugrunde liegt, muss komplett reversibel sein. Andernfalls zerbricht jede organisierte Struktur an ihrem eigenen Modus. Dass dem so ist, liegt an der zirkulären Autodynamik von Energie, die in den planetarischen Stoffkreisläufen Input in Output kehrt.

Der anthropozentrische Reduktionismus, der jeder menschlichen Technologie zugrunde liegt, hat durch maximale Energieumwandlung aus fossilen Energieträgern das Gleichgewicht zwischen systemimmanenter Energieproduktion und systemimmanenten Energiekonsum nachhaltig verschoben.

Erstens hat dieser technologische Reduktionismus durch irreversible Energieumwandlung eine Energieproduktion erschaffen, die mehrheitlich nicht biologisch abbaubar ist und somit negativ in den planetarischen Stoffkreislauf eingreift. Zweitens hat sie diese Energieproduktion mittels automatisierter und digitalisierter Prozesse so extrem erhöht, dass der Energiekonsum des menschlichen Individuums seinen persönlichen Energieaufwand und -bedarf um ein Vielfaches übersteigt.

Folglich hat gerade die menschliche Technologie, ursprünglich erschaffen zur menschlichen Optimierung, zu einer energetischen Inflation und hiermit existentiellen Inflation des menschlichen Organismus geführt, zu Überpopulation, Massengesellschaft und einer absehbaren Zerstörung des menschlichen Stoffwechsels durch Zerstörung der globalen Biosphäre. Ob diese Zerstörung nun aus Vorsatz oder Ignoranz geschieht, ändert nichts an der Wirksamkeit mit der sie organische Existenz und existentielle Grundlagen einschränkt.

Der materielle Wechselkurs für Energie ist Kapital. Aber das menschliche Individuum zahlt längst nicht den Preis, den Energie und somit organische Existenz tatsächlich wert sind. Die (gedanklich unbegrenzte) Verfügbarkeit fossiler Energieträger enthebt den menschlichen Energieträger mehrheitlich von jedem persönlichen Energieaufwand, der über seinen eigenen Grundumsatz hinausgeht.

Die menschliche Zelle muss ihre Leistung nicht mehr erhöhen, um Energie zu konsumieren, die nicht nur ihre Selbsterhaltung gewährleistet, sondern weit darüber hinausgeht. Da das menschliche Individuum, durch Technologie und organisierte Strukturen, für sämtliche Energieträger weit weniger zahlt als es aufwenden muss, betreibt die menschliche Mehrheit einen Energiekonsum, der zu anhaltender Energieverschwendung, ökologischen Rückständen, Klimakatastrophen und organischer Infertilität führt.

Die gängigen Marktpreise, die für sämtliche individuell nutzbaren und frei verkäuflichen Energieträger verlangt wird, sind unterirdisch, gemessen am existentiellen Wert, den diese Energieträger bereitstellen.

Brennstoffe und Lebensmittel sind existentielle Ressourcen. Ihre anhaltende Entwertung und massive Verschwendung durch Überproduktion und ‚unangemessene Preise' bedeutet existentiellen Diebstahl und eine einschneidende Chancenungleichheit für sämtliche künftige Formen organischer Existenz.

Das persönliche Ausreizen energetischer Möglichkeiten mittels einer irreversiblen Energiegewinnung geht zu Lasten organischer Existenz und somit zu Lasten der eigenen Existenz. Die Ignoranz der Mehrheit an menschlichen Konsumenten, die sich widerspiegelt in der Gier und Bequemlichkeit der Massengesellschaft, ist die ideale Prämisse für einen energetischen Totalitarismus, der sich ab Mittel des 21. Jahrhunderts global etabliert.

19. Das emotionale Unvermögen des menschlichen Organismus, das zu Energieineffizienz führt, ist Unvernunft. Die Zeit der menschlichen Unvernunft ist abgelaufen. Nur der unvernünftige Mensch, der bereits seinen eigenen Stoffwechsel getötet hat, glaubt an den ungestörten und unveränderteren Fortbestand seiner Spezies - wie es die menschliche Mehrheit zu jedem Zeitpunkt ihrer Geschichte tat. Nur diesmal sind die historischen Umstände irreparabel und finit. Die Zeit der menschlichen Spezies ist abgelaufen. Was von ihren Überbleibseln noch durchs 21. Jahrhundert kommt, wird nichts mehr wissen von ihren alten Zivilisationen und der Energieineffizienz, die ihren Bruch herbeigeführt hat.

20. Der menschliche Organismus ist kein vernunftorientiertes Wesen. Die kognitive Separation seiner Bewusstseinsform verhindert seine Funktion in holistischen Zusammenhängen. Daher findet er auch nicht den kleinsten gemeinsamen Nenner einer biologischen Vernunft, die jeden anderen Organismus leitet. Die kognitive Separation der menschlichen Bewusstseinsform dient dem menschlichen Organismus ausschließlich als hervorragendes Motiv seiner Selbstbezüge. Der selbstverfasste Sonderstatus, der abseits holistischer Zusammenhänge stattfindet, ist für ihn eine Mission, in der Vernunft nur eine Nebenrolle spielt.

(Individuelle Ausnahmen menschlicher Organismen bestätigen nur das mehrheitliche Verhalten der menschlichen Spezies.)

Gäbe es eine allgemeine Tendenz zu vernunftorientiertem Verhalten, so hätte die Minderheit der Vernünftigen die menschliche Mehrheit der Unvernünftigen längst zu energetischer Effizienz geführt. Daraus folgt, dass der Einfluss der Vernunftbegabten auf die Organisation menschlicher Gesellschaftssysteme zum gegenwärtigen Zeitpunkt entweder noch zu gering ist. Oder, dass menschliche Gesellschaftssysteme, die durch Vernunft gesteuert werden und zu energetischer Effizienz gelangen, eine ewige Utopie bleiben.

Trifft das Erste zu, dann wird sich die Organisation menschlicher Gesellschaftssysteme noch im 21. Jahrhundert radikal verändern. Trifft das Zweite zu, dann wird die Organisation menschlicher Gesellschaftssysteme noch im 21. Jahrhundert komplett zerbrechen. Es sei wie es sei, die Minderheit der Vernünftigen, die in beiden Fällen gleichermaßen betroffen ist, wie die Mehrheit der Unvernünftigen, ist keineswegs schuldlos. Denn sie hat versagt. Sie hat es nicht zustande gebracht das unvernünftige Verhalten einer Mehrheit in vernünftige Bahnen zu lenken. Also ist die Minderheit der Vernünftigen völlig ‚zu Recht‘ inbegriffen.

21. Menschliche Freiwilligkeit ist vergebliche Mühe. Das Bewusstsein für die Auswirkungen des eigenen Verhaltens stößt in menschlichen Mehrheiten stets gegen die deterministische Barriere der persönlichen Vorteilsnahme. Der wissentliche Verstoß des menschlichen Organismus gegen die Gesetzmäßigkeiten der energetischen Effizienz macht die menschliche Selbstselektion daher nicht zu einem tragischen Ereignis, sondern einem unvermeidlichen Prozess.

Noch einmal: Es gibt keine Menschheit, es gibt nur Menschen, die individuelle Interessengruppen vertreten. Und ihre ungebremste Reproduktion und organisierte Ignoranz macht die menschliche Selbstselektion zu einem ebenso unsentimentalen, wie rationalen Akt der Evolution. Die Freisetzung der in Böden gespeicherten Hauptmasse an Kohlenstoff durch den menschlichen Organismus ist aus neutraler Sicht also eine Chance für den planetarischen Organismus zur Grunderneuerung, indem sämtliche Konsumenten und die Mehrheit der Produzenten wieder als potentieller Energiespeicher in der Litosphäre verschwinden.

22. Das Denkmuster der persönlichen Vorteilsnahme und exzessiven Selbsterhaltung sind der menschliche Suizid auf Raten. Das Phänomen der Massengesellschaft beinhaltet bereits das hinreichende Argument zu ihrer Abschaffung. Ihre kollektiven Auswirkungen machen dieses hinreichende Argument nicht nur umso zwingender, sondern unvermeidlich.

Die Massengesellschaft bedarf keines Eingriffs, um ihre eigene Abschaffung zu bewirken. Ihre energetische Ineffizienz ist ihre Selbstselektion.

Die menschliche Mehrheit, die hier lediglich die Verantwortungslosigkeit und Ignoranz des globalen Kapitalsystems widerspiegelt, kann ihr Verhalten nicht reflektieren und individuell korrigieren.

Der Grund für die Unmöglichkeit einer freiwilligen Verhaltenskorrektur der menschlichen Mehrheit ist die Wechselwirkung zwischen dem gegenwärtigen Modus menschlicher Energieumwandlung und menschlichem Energiekonsum.

Die Massengesellschaft bzw. menschliche Mehrheit ist das spezifische Produkt des globalen Kapitalsystems und existiert lediglich durch dessen anarchistische Strukturen, Massenmanipulation und profitzentrierte Steuerung.

Die gezielte und dauerhafte energetische Ineffizienz des menschlichen Individuums ist Fundament und Programm des globalen Kapitalsystems. Folglich bleibt der gegenwärtige Modus der menschlichen Energieumwandlung unverändert. Er bleibt solange unverändert, bis sich die Massengesellschaft durch den zukünftigen, energetischen Mangel der organischen Welt selbst selektiert hat.

Das menschliche Individuum, das durch sein emotionales Unvermögen eine exzessive Selbsterhaltung betreibt, die gegen jede holistische Vernunft verstößt, ist nicht länger tragbar. Seine ökonomischen und somit energetischen Exzesse führen zur Selbstselektion der gesamten menschlichen Spezies.

Das emotionale Unvermögen, das die Mehrheit der menschlichen Individuen antreibt, ist unveränderlich. Die menschliche Psyche ist geformt durch die materiellen Muster einer strategischen Selbst-Optimierung. Der Begriff ‚Selbst' bedeutet hier das menschliche Individuum, dass sich aufgrund einer kognitiven Fehlschaltung als separate Einheit wahrnimmt und daher außerhalb der organischen Gesamtheit stellt.

Diese kognitive Fehlschaltung des separierten ‚Selbst' hat seine Ursache in jenem emotionalen Unvermögen, das mittels materieller Muster nach besagter Selbst-Optimierung strebt, statt einer Reflexion seiner emotionalen Motive.

Das ‚Selbst' des menschlichen Individuums, dass tatsächlich keine andere Bedeutung trägt als ein strategisches Hilfsmittel zur biologischen Selbst-Erhaltung des Organismus, interpretiert sein Selbst-Bewusstsein in einer universellen Wirksamkeit, die nichts zu tun hat mit seinen existentiellen Wirklichkeiten als Organismus. Die Folge ist eindeutig: Das kognitive Erlebnis von Separation erzeugt im menschlichen Individuum eine Ignoranz gegen holistische Zusammenhänge, die nicht freiwillig abgelegt werden kann.

Aus diesem Grund wird das menschliche Individuum durch eine veränderte strategische Suggestion seitens menschlicher Zivilisation zwangsweise zu energetischer Beschränkung geführt. Das emotionale Motiv des Individuums, das in der menschlichen Mehrheit ein emotionales Unvermögen generiert und sich im Zuge des globalen Kapitalsystems als Glauben individueller Identität manifestiert hat, erhält im Zuge energetischer Beschränkung neue Möglichkeiten von individueller Identität, die keine energetische Ineffizienz mehr verursachen.

Der menschliche Glauben an eine unbegrenzte, energetischen Verfügbarkeit, die das menschliche Individuum über die organische Welt erhebt, ist mit dem sichtbaren Ende energetischer Ressourcen endlich bedeutungslos. Sein Verschwinden ist auch das Verschwinden eines globalen Patriarchats und seiner Begriffe des menschlichen Konsumenten, der von nun an grundlegend neu definiert und propagiert werden muss. (Der kooperative Regionalismus wird unvermeidlich.) Dass die Auswirkungen seines Verschwindens die Barriere für menschliche

Existenz wieder um ein Vielfaches erhöhen, ist im Sinne der Vernunft ebenso folgerichtig wie notwendig.

23. Individueller Metabolismus ist kollektiver Metabolismus. Es gibt keine menschliche Autonomie von den Bedingungen der organischen Welt. Es gibt nur den individuellen Anspruch einer Autonomie, der an die Grenzen des kollektiven Metabolismus stößt. Flüssigkeit, Nahrung, Atmung und Sonnenlicht formulieren bereits eine maximale Möglichkeit und Wirksamkeit von menschlicher Existenzform.

Die ineffiziente Verschiebung energetischer, materieller und somit organischer Grundlagen, die der menschliche Organismus mittels seiner organisierten Strukturen betreibt, impliziert Ansprüche, die sich widerspiegelt im energetischen Fehlverhalten der menschlichen Mehrheit.

Das menschliche Individuum der Massengesellschaft kann sein emotionales Motiv mehrheitlich nicht verantworten. Die organisierten Strukturen der menschlichen Spezies haben das menschliche Individuum im 20. Jahrhundert endgültig gegen seinen eigenen Stoffwechsel gestellt. Jetzt, im 21. Jahrhundert, zerbricht dieses Individuum an den energetischen Grenzen, die seine materiellen Grundlagen einfordern.

24. Eine forcierte Umwandlung von Energie, die zu erhöhter Energieproduktion führt, erhöht zugleich Energiekonsum und Reproduktion. Energiekonsum und Reproduktion sind gebunden an Energieproduktion. Da Energieproduktion in einem geschlossenen System begrenzt wird durch Energieeffizienz, sind auch Energiekonsum und Reproduktion begrenzt.

Die Folge einer übermäßigen Energiefreisetzung in einem geschlossenen ist ein globaler Treibhauseffekt, der Energieproduktion, Energiekonsum und Reproduktion zwangsläufig drosselt. Das System ist überhitzt und muss abkühlen.

Evolution ist Energieerhaltung durch Zeitinvarianz. Die partielle Selektion biochemischer Prozesse, die aus übermäßiger Energiefreisetzung resultieren, führt nicht zur Zerstörung terrestrischer Systeme, sondern zu ihrer Erhaltung.

Die biologische Evolution ist in den Datenspeichern terrestrischer Systems angelegt und bleibt bestehen. Um das System abzukühlen, muss die im System freigesetzte Energie zuerst zurück in die Erdkruste: Energieerhaltung. Die Verweildauer der Energieineffizienz hängt daher ab von thermodynamischen Prozessen zwischen den Systemsphären, die den Rückbau der systemfremden Energie steuern: Zeitinvarianz. Erst hier kann das System wieder effizient hochfahren und biologische Evolution gewährleisten.

25. Die kosmische Autodynamik kümmert sich nicht um irgendeinen Organismus. Auch um keinen Organismus, der durch kognitive Prozesse eine spezifische Bewusstseinsform entwickelt hat. Für die Natur ist es irrelevant, ob in irgendeinem planetarischen System ein Organismus existiert oder nicht. Natur generiert nur lokale Strukturen, die ins Gesamtbild passen und achtet auf deren Energieeffizienz.

Ein Subsystem in einem lokalen System, das energetische Ineffizienz aufweist, hat keinen Bestand. Es wird solange und so gründlich modifiziert, bis es wieder die Energieeffizienz erlangt, die seine Selbstorganisation bedingt.

Philosophische Bilanz und Hypothese:

Das menschliche Verbrennen der organischen Vergangenheit führt zur Verkürzung der organischen Zukunft. Wir sollten uns klarmachen, was fossile Energieträger wie Kohle, Erdöl und Erdgas eigentlich sind. Es sind tote Organismen, zersetzt zu chemischer Energie. Dabei handelt es sich nicht nur um Bakterien, Pflanzen und andere tierische Organismen, sondern auch um unsere Vorfahren. Wir Menschen der Gegenwart holen seit der Industrialisierung unsere Vorfahren und organische Vergangenheit aus den Böden. Wir schießen sie in die Atmosphäre und verkürzen hiermit unsere Zukunft.

Wer kann bei einem geschätzten Alter des Planeten Erde von 4,5 Milliarden Jahren also beweisen, dass der menschliche Organismus nicht bereits vor vielen Jahrmillionen schon einmal existiert hat und durch exzessive Nutzung noch früherer fossiler Brennstoffe bereits in einer früheren Phase der Erdgeschichte wieder spurlos verschwunden ist?

Wir erinnern uns: Das System Erde kann seine Gesamtenergie weder verlieren noch vergrößern. Die elektromagnetische Welle ist eine unerschöpfliche Energiequelle, die dem System Erde unbegrenzt zur Verfügung steht. Sie bedarf lediglich der effizienten Nutzung. Der menschliche Organismus muss durch seine anhaltende Verschwendung irreversibler Ressourcen letztlich seine organischen Grundlagen verlieren. Am Ende kann er nur die Effizienz einer reversibler Energieumwandlung mittels Sonne, Wind und Wasser vergrößern.

Wir kommen zum Kern und zugleich zur Faustregel für Energieeffizienz: die Natur ist multidimensionale Zweckmäßigkeit. Sie hat für sämtliche Erscheinungen ein begründetes Motiv. Ein einzelnes Quantenteilchen enthält nicht die Information zum Design eines Gesamtsystems. Aber der Modus seiner Interaktion mit einem anderen Teilchen nimmt die Information zum Design für ein Gesamtsystem vorweg.

Es macht also keinen Sinn in die Zentren von Planetensystemen Brennstoffzellen zu platzieren, wenn deren Information (Energie) nicht einem bestimmten und nachhaltigen Nutzen (Verwertung) dient. Organische Evolution ist das begründetes Motiv, das durch seine effiziente Nutzung (Verwertung) solarer Information (elektromagnetische Wellen) deutlich die Zweckmäßigkeit der Natur beweist.

Solarbits sind potentielle Revolution.

Die erfolgreiche Durchführung dieser Revolution mittels Terrabits ist ersichtlich durch biologische Evolution. Die Solarinformation ist ein Signal zur Aktivierung terrestrischer Datenspeicher und einer evolutionären Signaltechnik, die durch temporale Inversion tragbar wird. Der kollektive, wie individuelle Metabolismus von Organismen innerhalb terrestrischer Systeme ist hierbei immer fix. Biologische Evolution besteht somit ausschließlich durch eine reversible Energieumwandlung. Sie besteht durch effiziente Nutzung von Solarbits und freier Energieformen, die terrestrische Systeme zur Verfügung stellen.

Systemreform

1. Wenn eine einzelne Idee, ein einzelner Satz, ein einzelner *Strohhalm*[21] oder Stift eine Revolution bewirken können, dann entscheidet das Verhalten jedes Einzelnen, in welcher Welt wir alle leben. Das menschliche Bewusstsein der gleichwertigen Bedeutung und Zusammenhänge sämtlicher Prozesse im Mikro- wie Makrokosmos markiert die Theorie jeder fundamentalen Veränderung für menschliches Verhalten. Der menschliche Verzicht und die menschliche Selbstbeschränkung sind die unerlässliche Praxis dieser fundamentalen Veränderung.

2. Der Anfang jeder kollektiven Veränderung beginnt in der eigenen Person. Verhalten ist die Haltung einer Selbstbegegnung, die zuerst den Unterschied zwischen sich selbst und anderen registriert, dann seine Geisteshaltung positioniert und schließlich aufs nächste Individuum überträgt.

Jedes menschliche Gesellschaftssystem zeigt daher nur das Abbild der Geisteshaltung seiner menschlichen Mehrheit. Die Vertreter, Herrscher oder Machthaber jeder Regierung und sämtlicher Konzerne sind nur ein Querschnitt jener Mehrheit, deren Geisteshaltung sie stets mehr als minder repräsentieren. Ihre Macht über Staaten, Kontinente oder globale Strukturen liegt allein in ihrem Wissen über das berechenbare Verhalten des mehrheitlichen Individuums. Aber die Suggestion, die die jeweilige Geisteshaltung und das Verhalten dieses Individuums berechenbar machen und steuern, hat keine Macht mehr, wenn dieses Individuum entdeckt, dass das Verhalten der menschlichen Mehrheit sein eigenes Fehlverhalten ist.

3. Jeder einzelne Mensch ist die entscheidende Macht, die von Mensch zu Mensch getragen wird, ganze Gesellschaftssysteme errichtet, verteidigt, verändert oder zum Einstürzen bringt.

Das menschliche Individuum ist ein Konsument. Es ist somit Urheber und Unterstützer seiner kollektiven Systeme. Seine Macht als Konsument ist die Entscheidung über seinen persönlichen Energiekonsum. Seine Entscheidung über den Modus seines Energiekonsums bildet die Basis für jedes Gesellschafts-system. Das Individuum, das seinem persönlichen Energiekonsum vorsteht, verändert die Ausrichtung und Geisteshaltung der menschlichen Mehrheit. Der kooperative Selbstversorger von gestern ist der globale Selbstversorger von morgen.

Der kooperative Selbstversorger, noch heute belächelt und in ein ineffizientes Kollektiv gezwungen, ist der Vorreiter einer menschlichen Kollektiv-Bestimmung im System Erde.

4. Die Geisteshaltung des menschlichen Individuums wird getestet und gerichtet durch dessen emotionales Vermögen. Das Bewusstsein für die Symbiose von Stoffkreisläufen und Metabolismus ist die höchste Stufe menschenmöglicher Vernunft.

Wenn die Stoffkreisläufe eine infinite Transformation chemischer Verbindungen durch Organismen sind, gibt es auch keine Form von menschlicher Identität, die über dem kollektiven Pool der organischen Welt steht.

5. Jede menschliche Revolution der Vergangenheit hat lediglich strukturell-ökonomische Veränderungen, aber keine emotional-ökologische Umwälzung im menschlichen Selbstbild bewirkt.

Die menschliche Frage der sozioökonomischen Gerechtigkeit hat nie die psychologischen Aspekte der menschlichen Kognition berührt. Der zwischenmenschliche Konflikt der ‚lebenswerten' Existenz ignoriert stets die Gleichwertigkeit der inneren und äußeren Bedingungen. Die psychologische und zugleich emotionale Separation des menschlichen Organismus von der organische Welt findet keine finale Lösung für die Frage der sozioökonomischen Gerechtigkeit. Das menschliche Selbstbild muss erst seine kognitive Separation ablegen und sich der funktionalen Einheit biochemischer Gleichwertigkeit beugen. Der zwischenmenschliche Konflikte der ‚lebenswerten' Existenz findet nur eine finale Lösung in einer psychologisch rationalen Praxis, die innere und äußere Bedingungen biochemischer Prozesse identisch behandelt.

Sauerstoff, Kohlenstoff, Stickstoff etc. sind im ökologischen Kreislauf stets funktional gebunden, ob in der organischen Einheit des menschlichen oder des planetarischen Organismus.

Das emotionale Unvermögen der menschlichen Spezies kann ihrer energetischen Endlichkeit (Begrenzung) im System Erde nicht im Wege stehen. Sie muss sich den energetischen Bedingungen der organischen Welt anpassen oder der menschliche Metabolismus zerbricht an einer energetischen Endlichkeit, der durch die ineffizienten Modi menschlicher Energieumwandlung, Energieproduktion, Energiekonsum und Reproduktion entstanden sind.

Ziel und Ende aller menschlichen Revolution sind daher entweder die energetische Zwangsbegrenzung und Effizienz oder das emotionale Vermögen eines globalen, menschlichen Kollektivs, das in der Kooperation seiner lokalen Gesellschaftssysteme die einzige Chance zur Selbsterhaltung seiner Spezies erkennt.

Das emotionale Vermögen einer menschlichen Mehrheit ist ein utopisches Vorhaben und vermutlich unerreichbar. Daher bleibt als einzige Lösung die energetische Zwangsbegrenzung und Effizienz, die eine globale Kooperation unerlässlich macht. Aber diese unerlässliche Kooperation kann sich wiederum nicht vollziehen durch ein emotionales Unvermögen, das die persönliche Vorteilsnahme des Individuums über gemeinschaftliche Notwendigkeiten stellt. (Die Zelle der Gemeinschaft findet sich idealerweise im Gemeinschaftsgedanken lokaler Strukturen und ist auch dort, *vor Ort*', durch Regionalismus zu stärken.)

Da der menschlichen Mehrheit das emotionale Unvermögen aber im Wege steht, um durch gezielten Regionalismus zur globalen Kooperation und rationalen Praxis von energetischer Begrenzung oder Effizienz zu gelangen, benötigen die lokalen Gesellschaftssysteme zunächst ein kollektiviertes Bewusstsein.

Exakt hierfür steht die globale Digitalisierung, die den Energiekonsum ihrer menschlichen Nutzer graduell und langfristig der Symbiose von Metabolismus und Stoffkreisläufen angleichen muss.

6. Die Geisteshaltung jedes menschlichen Individuums, das über seinen Energiekonsum entscheidet, bestimmt die energetische Ausrichtung menschlicher Gesellschaftssysteme.

Jeder Einzelne erschafft das System, dessen Teil er ist.

Der persönliche Verzicht des Einzelnen ist daher der Gradmesser der kollektiven Verantwortung für die energetische Effizienz menschlicher Gesellschaftssysteme. Jeder Einzelne ist das gesamte System. Und jeder Einzelne verändert und bestimmt durch sein Verhalten das gesamte System.

7. Die Barriere zu energetischer Effizienz ist die Barriere einer menschlichen Geisteshaltung (Gestaltperspektive), die sich durch ihre kognitiven Muster als autonome Einheit begreift. Folglich hat diese Geisteshaltung die menschliche Separation im System Erde kollektiviert, statt die Auswirkungen (Informationsaspekte) zu prüfen, die dem eigenen Verhalten entspringen. Es ist das persönliche Missverhältnis von Instinkt, Emotion und Logik, das die Kontrolle der eigenen Existenz über die selbstorganisierten Vorgänge der organischen Welt stellt.

Das Phänomen der menschlichen Unvernunft wird hierbei manifestiert durchs Festhalten an persönlichen Emotionen, die stets den autodynamischen Veränderungen existenzieller Wirklichkeiten unterliegen und nicht konserviert werden können.

Aus diesem Grund führt das Festhalten an persönlichen Emotionen in erster Linie zum zwischenmenschlichen Konflikt, der Familienmitglieder, Bekannte, Nachbarn, Gruppen oder ganze Gesellschaftssysteme kollidieren lässt. In zweiter Linie zum globalen Ungleichgewicht bei sozioökonomischen Prozessen und der Verteilung von Ressourcen. In dritter und entscheidender Linie aber zum energetischen Fehlverhalten menschlicher Kollektive gegenüber der organischen Welt.

Daher ist der Konflikt zwischen energetischer Ineffizienz und organischer Welt das Fundament sämtlicher zwischenmenschlichen Konflikte, die sich in der Vergangenheit noch hinter der Maske ethnischer, religiöser, kultureller oder nationalstaatlicher Zusammenstöße verbergen konnten. Es ging und geht immer nur um die latenten Energieressourcen durch fossile Brennstoffe und den Modus einer menschlichen Energiegewinnung, der im System Erde zu energetischer Ineffizienz führte und weiterhin führt.

Selbst der sozioökonomische Zusammenstoß, der durch seinen ideologischen Kampf gegen das Missverhältnis von energetischer Verfügbarkeit stets einen klaren Hinweis auf dieses Fundament geliefert hat, blieb durch die menschliche Ignoranz gegen seine energetische Endlichkeit somit bisher wirkungslos.

Da die Auswirkungen der energetischen Ineffizienz durch die zunehmende Infertilität der Biosphäre im 21. Jahrhundert endlich global spürbar werden, fallen nach und nach die Masken der zwischenmenschlichen Konflikte und zeigen das Fundament, das unter dem Druck der organischen Welt allmählich zerbricht.

Die notwendige Relativierung dieser zwischenmenschlichen Konflikte zur Lösung des tatsächlichen Konflikts, der am Grundproblem der energetischen Begrenzung nichts mehr ändert, macht diese Konflikte auf Dauer bedeutungslos. Es gibt trotz globaler Überbevölkerung keinen Grund mehr für kulturelle, religiöse oder ethnische Konflikte, wenn Nahrungsmittelproduktion und sauberes Trinkwasser stark begrenzt sind. Es gibt nur noch den tatsächlichen Konflikt, in dem sich die chaotischen Auswirkungen der übrigen Konflikte gründlich erschöpfen, bevor das organisierte Kollektiv der Zivilisation die menschliche Selbstbeschränkung errichtet.

Das Dilemma der Zivilisation ist offenkundig: das menschliche Verhalten ist codiert durchs genetische Erbe archaisch-evolutionärer Muster. Es kann seit der Industrialisierung nicht mehr Schritt halten mit den Bedingungen einer Kultur oder Technologie, die rasanter fortschreitet als die genetische Modifikation des menschlichen Organismus. Das biologische Programm (Triebe, Instinkte) des menschlichen Individuums steht daher in einer immer rasanter ansteigenden Diskrepanz zur Komplexität seiner kognitiven Entwicklung als organisiertes Kollektiv.

Das Individuum der Massengesellschaft besitzt nicht die mentale Reife zum vernünftigen Umgang mit den Möglichkeiten seines organisierten Kollektivs. Seine Instinkte sind überlagert von einem emotionalen Unvermögen, die zu individueller Vorteilsnahme und exzessiver Selbsterhaltung führen. Sein Fehlverhalten, das die Zusammenhänge zwischen seiner exzessiven Selbsterhaltung und Selbstselektion ignoriert, kann sich nicht freiwillig verändern, solange es keine direkten Konsequenzen erfährt. Es ist nicht das biologische Programm (Triebe, Instinkte) des menschlichen Organismus, das zum energetischen Fehlverhalten gesellschaftlicher Systeme und ihrer menschlichen Mehrheiten führt. Es ist die kognitive Fehlinterpretation

der vermeintlichen Autonomie, die den menschlichen Orga‐
nismus von der organischen Welt separiert. Genau hierauf baut
das emotionale Unvermögen einer menschlichen Mehrheit, die
durch technologische Möglichkeiten einer maximalen (und
bislang ineffizienten) Energiegewinnung einen anarchistischen
Individualismus betreibt, dessen schädliche Exzesse sich in
sämtlichen Teilen der energetischen Kette äußert. In einer ex‐
zessiven (und daher ebenso ineffizienten) Energieproduktion,
wie in exzessivem (und gleichfalls ineffizienten) Energiekon‐
sum und exzessiver Reproduktion.

Die massive Energieverschwendung des menschlichen Indivi‐
duums ist Beweis für seine kognitive Separation von der orga‐
nischen Welt. Und sie ist Beweis für die Ignoranz gegen die
Grundlagen seines eigenen Stoffwechsels.

Die grundsätzliche Problematik des anarchistischen Indivi‐
dualismus besteht nicht im persönlichen Beharren auf eine
individuelle Einmaligkeit. Sie besteht darin, dass die *Vorstel‐
lung* dieser individuellen Einmaligkeit zu einer energetischen
Maßlosigkeit führt, die sich durch materielles Besitzdenken
ausdrückt.

Was ist Vorstellung? Wir teilen und analysieren das Wort:
Vorstellung ist die Stellung von Gedankenbildern, die vor das
eigene Blickfeld rücken. Diese Beschreibung ist bildlich zu
nehmen. Ein Objekt, das im eigenen Blickfeld steht, erzeugt
einen toten Winkel. Es verdeckt immer die freie Sicht auf ir‐
gendeine Stelle von Wirklichkeit, die hinter diesem Objekt
abläuft und nun die umfassende Wahrnehmung der Wirklich‐
keit einschränkt.

Der menschliche Selbstwert des modernen Individuums, der
an kapitalistischen (Status)Symbole hängt, kann nicht akzep‐
tieren, dass durch Befriedigung seiner Grundbedürfnisse nicht
nur sämtliche natürlichen Bedürfnisse, die er generieren kann,
bereits vollauf gedeckt sind. Daher kann er auch nicht akzep‐
tieren, dass sein Selbstwert nicht an der externen Akzeptanz
durch Andere hängt.

Aber der anarchistische Individualismus, der sich ganz gezielt
der archaischen Muster bedient, hat nur die Bedingungen und
Auswirkungen seiner energetischen Maßlosigkeit verdrängt.

Die organische Welt zwingt das organisierte Kollektiv der Zivilisation zu Gegenmaßnahmen.

Die gegenwärtige Digitalisierung sämtlicher Lebensbereiche besorgt das unerlässliche Fundament, um das einst überlebensnotwendige, nun zutiefst ineffiziente Erbe des Individuums völlig zu kasernieren und dessen verfehlte Selbstbestimmung durch eine technologisch oktroyierte Vernunft zu ersetzen. Im Klartext: Da die archaischen Muster des menschlichen Organismus nicht weichen können, muss die energetische Macht des Individuums beschränkt werden.

8. Die Begriffe der menschlichen Geisteshaltung suggerieren eine Autonomie von der organischen Welt, die für den menschlichen Organismus nie existieren wird noch existieren kann. Der Beweis ist die Wirksamkeit des menschlichen Stoffwechsels, die jede individuelle Geisteshaltung ad absurdum führt.

9. Die Barriere in jedem menschlichen Kopf ist das Wissen, dass persönliche Selbstbestimmung keine grenzenlose Freiheit, sondern Selbstbeschränkung und kollektive Verantwortung bringen. Aber selbst diese persönliche Selbstbestimmung kann und darf ihre strukturelle Organisation von Existenz nicht länger über die fundamentalen Grundbedingungen von Existenz stellen. Die Beschränkung von individueller Möglichkeit ist die Vergrößerung von kollektiver Möglichkeit.

10. Der menschliche Geist besitzt keine kollektive Basis, außer die kognitive Fähigkeit der Ignoranz. Daher bringt auch keine Ideologie die menschliche Gesamtheit an individuellen Vorstellungen auf einen gemeinsamen Nenner. Dies vermag nur das biologische Programm des Körpers mit seinen evolutionären Gesetzen der Selbsterhaltung. Das Kreuz der Materie mit seinem Kampf um Selbsterhaltung kann nicht abgelegt werden. Es lässt sich nur (er)tragen, wenn es an den physischen Grundbedingungen ausrichtet wird.

(Der menschliche Geist kann sich vom Kreuz der Materie nur dann befreien, wenn er dieses Kreuz freiwillig aufnimmt und ihm dient. Dies hat nichts zu tun mit spirituellen Konzepten, sondern mit physischen Gesetzmäßigkeiten, die unumgänglich sind.)

11. Der menschliche Organismus ist ein Herdentier. Die Energieeffizienz dieser Herde ist beschränkt auf eine Kopfzahl von hundert Personen, da hier die Zusammenhänge von Produktion und Konsum fürs Individuum noch ersichtlich sind.
Jedes Individuum ist hier unmittelbar betroffen von seinem persönlichen Umgang mit Energie. Jeder organisierte Komplex, der zu abstrakten Gemeinschaften, Gesellschaften und Staaten führt, erhöht das Risiko der Energieineffizienz, da es die Zusammenhänge von Produktion und Konsum fürs Individuum unkenntlich macht. Und noch mehr. Es lässt spezifische ökonomische Interessengruppen entstehen, die ihre individuellen Interessen, konzentriert in einem beschränkten Kollektiv (Konzern, profitorientierte Organisation, Staat), über jede holistische Verantwortung stellen.

Die abstrakte Organisation der menschlichen Herde, unterteilt in quasi-autonome Teilbereiche, entbindet das Individuum von seiner persönlichen Verantwortung im Umgang mit Energie. Das Ungleichgewicht von Produktion und Konsum, das das menschliche Individuum hier durch die fehlende Konsequenz für sein mehrheitlich persönliches Fehlverhalten mit Energie geniert, erzeugt einen maximalen Effekt an Ineffizienz.
Dieser Effekt geht zuerst zu Lasten unorganisierter Gemeinschaften, Gesellschaften und Staaten. Je größer die ökonomische Impotenz einer jeweiligen Herde, umso größer und zeitlich direkter die Auswirkungen des globalen Fehlverhaltens im Umgang mit Energie.
Da diese unorganisierten Gemeinschaften, Gesellschaften und Staaten aber Teil eines geschlossenen Systems sind, dass seine energetische Verfügbarkeit lediglich verlagert, trifft die energetische Ineffizienz schließlich den globalen Komplex menschlicher Existenz.

12. Die Wirksamkeit von Kapital erzeugt einen globalen Komplex, der die Wirksamkeit von Religion und kulturellen Mythen noch übertrifft. Aber selbst seine Wirksamkeit genügt nicht, um dem menschlichen Individuum die fundamentalen Definitionen von Energie, die Zusammenhänge von globaler Produktion und persönlichem Konsum, zu verdeutlichen. Ganz im Gegenteil. Die menschliche Mehrheit besitzt nicht die erforderliche Vernunft zur freiwilligen Selbstbeschränkung. Da sie konditioniert ist auf die kulturellen Mythen ihrer Gesellschaftssysteme, kann sie auch nicht rational erfassen, dass ihre individuelle Geisteshaltung nicht das Geringste zu tun hat mit den Abläufen der organischen Welt. Die menschliche Mehrheit kann ihre eigenen Emotionen nicht mit den Grundlangen ihrer Existenz in Übereinstimmung bringen. Das emotionales Unvermögen, das hieraus entsteht und durch finanzielle Optionen noch vergrößert wird, ignoriert die existentiellen Auswirkungen der eigene Person. Aus diesem Grund braucht es die energetische Beschränkung des Einzelnen.

Da eine erfolgreiche Erziehung des menschlichen Individuums, die zu energetischer Effizienz führt, zur Zeit aber nicht möglich ist, bleiben nur zwei Optionen.

Die energetische Ineffizienz der menschlichen Mehrheit wird entweder so lange fortgeführt, bis die organische Welt und somit die existentiellen Grundlagen des menschlichen Organismus kollabieren. Oder die energetische Effizienz wird zuvor durch ein totalitäres System forciert und dem Einzelnen oktroyiert.

Wie auch immer, die Wahl der ersten Option führt zwangsläufig zum Zwang der zweiten Option.

13. Die menschlichen Gesellschaftssysteme haben zu Ende des 20. Jahrhunderts die maximalen Möglichkeiten ihrer energetischen Potenz missbraucht für politische und ökonomische Machtkonstellationen, statt ihre erste und letzte Möglichkeit zum schadenlosen Umstieg auf erneuerbare Energien zu nutzen. Und sie tun es noch.

Die Zeit ist abgelaufen. Die ökologischen Auswirkungen energetischer Ineffizienz, die aus den gegenwärtigen Modi menschlicher Energieumwandlung, Produktion, Konsum und Reproduktion entstehen, sind seit einem Jahrhundert umfassend bekannt und wissenschaftlich bewiesen. Dass bisher keine wirksamen Gegenmaßnahmen erfolgt sind, die einen strukturellen Umbruch menschlicher Energieumwandlung zeigen, spricht Bände.

Der anarchistische Individualismus, der sich mit Beginn der energetischen Revolution in einer fossilen Lobby offen manifestiert hat, hält fest an der Macht seiner kollektiven Korruption - bis zur Ausbeutung der letzten Energieträger. Erst das Ende der Verfügbarkeit an fossiler Energie ist auch das Ende eines anarchistischen Individualismus, den die ungezähmte, energetische Revolution des 19. Jahrhunderts hervorgebracht und binnen weniger Jahrzehnte vorbehaltlos auf ein ungezähmtes, globales Kapitalsystem übertragen hat.

Wenn dem so ist, wieso sollte sich ausgerechnet nun, im laufenden 21. Jahrhundert etwas Gravierendes am Modus der menschlichen Energieumwandlung ändern?

Wir hören anhaltende politische Phrasen, sehen ökonomische Kosmetik. Mehr nicht. Es ist nichts Entscheidendes geschehen und es wird auch nichts gesehen, um die energetische Ineffizienz der menschlichen Spezies wirksam zu bekämpfen.

Unser Planet besitzt große Wüstengebiete. Aber bauen und betreiben wir dort etwa im großen Stil Solaranlagen, die unseren Energiebedarf an fossilen Energieträgern ersetzen? Nein, ganz im Gegenteil.

Der anarchistische Individualismus, der lediglich stets den Status quo an Kosten und Gewinnen jeglicher Investition gegen rechnet, ist stärker denn je.

Es ist längst zu spät, um den ökologischen Schäden und somit der eigenen Schädigung zu entgehen. Der Wendepunkt zu energetischer Effizienz, der spätesten zur Jahrtausendwende die Umsetzung erster Maßnamen erfordert hätte, wurde verschlafen. Er wurde nicht verschlafen oder unterdrückt durch irgendein globales Kapitalsystem oder die Profitgier irgendwelcher Einzelpersonen und Welteliten. Er wurde unterdrückt durch die Ignoranz jedes Einzelnen, der seine Eigeninteressen in falschen Zusammenhängen sah und sieht.

Das Verhalten der menschlichen Mehrheit bleibt ungebrochen anarchistisch, solange der Planet noch Ressourcen zur Verfügung stellt und hiermit die menschliche Selbsterhaltung sichert.

Die Ignoranz des menschlichen Individuums war und ist kein Akt der Unwissenheit oder Angst vor existentieller Veränderung. Es war und ist das emotionale Unvermögen einer menschlichen Mehrheit, die ihrem Verlangen nach einer möglichst angenehmen und bequemen Existenz in sämtlichen Facetten von jeher nachgab, nachgibt und somit ganz bewusst nicht sehen will, wohin ihr Verlangen und ihre Ansprüche führen. Die menschliche Mehrheit kann die Auswirkungen ihrer Existenz nicht tragen. Folglich kann das Individuum, ganz gleich in welcher gegenwärtigen Gesellschaftsform es existiert, seinem eigenen Verhalten nicht annähernd vorstehen oder Rechnung tragen. Es ist ein Produkt technologisch-industrieller Strukturen und unterliegt dem kollektiven Fehlverhalten seiner jeweiligen Gemeinschaft, ob durch den irreversiblen Modus menschlicher Energieumwandlung, Produktion, Konsum oder Reproduktion, die eine menschliche Mehrheit hervorgebracht hat.

Auf diesem Hintergrund können die Maßnahmen zu irgendeiner Energiewende von nun an gar keine Maßnahmen mehr sein, die eine erfolgreiche energetische Modifikation oder Neuausrichtung der gegenwärtigen Gesellschaftssysteme bewirken. Es sind lediglich die kläglichen Versuche einer Begrenzung von Schäden, die durch ihren globalen Effekt, ab Mitte des 21. Jahrhunderts, überhaupt nicht mehr begrenzt werden können. Paradoxer- oder ironischerweise hat die gesellschaftliche Digitalisierung längst den Boden bereitet für eine menschliche Geisteshaltung, die sich angesichts persönlicher Vorzüge freiwillig ‚umdenken lässt' und somit auch willig arrangiert mit zukünftigen Entbehrungen, wie Wassermangel und rationiertem Energiekonsum.

14. Das emotionale Unvermögen der menschlichen Mehrheit hindert das Individuum am Bewusstsein für die kollektiven Auswirkungen seines persönlichen Energiekonsums. Daher kann und war individuelle Selbstbestimmung nie das Ziel von menschlicher Zivilisation. Sie war immer nur die Zwischenstufe einer kollektiven Selbstfindung mittels individueller Selbstentdeckung.

Der Zwang zu energetischer Effizienz kann und wird somit nur durch ein totalitäres System stattfinden, das ein Ende individueller Selbstbestimmung und eine menschliche Kollektivierung forciert. Der Modus dieser menschlicher Kollektivierung schreibt sich nicht länger den liberalen Humanismus des Kapitalsystems auf die Fahnen. Er kann es nicht. Denn sein System ist ein fundamentaler Materialismus der kollektiven Verbote und individuellen Zuteilung.

15. Die menschliche Mehrheit besitzt weder eine individuelle noch kollektive Identität. Individuelle Identität setzt das Bewusstsein einer Einmaligkeit voraus, die nicht durch Andere oder kollektive Strukturen manipuliert werden kann. Kollektive Identität setzt das Bewusstsein einer Vernunft voraus, der sämtliche Organismen sowie kollektive Strukturen unterliegen. Hier wie dort ist das emotionale Motiv des Einzelnen, durch dessen rationale Einsicht in die Wirkungslosigkeit menschlicher Existenz, überwunden.

16. Die menschliche Mehrheit verfügt nicht über die rationale Einsicht in ihr emotionales Motiv. Ihre Identität ist lediglich das Produkt kollektiver Strukturen und rekrutiert sich aus den Angeboten von Markt, Staat und Biologie, die das emotionale Motiv dieser Mehrheit an Einzelnen manipulieren und bedienen. Der Beweis hierfür findet sich ebenso in der Vermögensarmut der Massen, wie dem Vermögensreichtum von Einzelnen. Das emotionale Motiv bleibt, in beiden Fällen, ungeprüft. Das emotionale Motiv der Massen bestärkt den Vermögensreichtum von Einzelnen. Das emotionale Motiv dieser Einzelnen bestärkt den eigenen Vermögensreichtum. Das Ergebnis, genannt energetische Ineffizienz, geht wiederum, in beiden Fällen, auf eigene Kosten.

17. Das emotionale Unvermögen, das menschliche Existenz so häufig mit sich bringt und in persönlichem Leid äußert, (ausgelöst durch künstliche Begehrlichkeiten und Ansprüche), kann nur ertragen und somit verringert, aber nie völlig abgelegt werden. Jeder Versuch der Überwindung führt nur zu dessen Vergrößerung.

18. Die individuelle Identität des menschlichen Organismus, die ihre Emotionen falsch interpretiert, ist nicht der kollektive Untergang der menschlichen Spezies. Aber sie ist das Ende einer Ethik, die von ihren ökonomischen Grundlagen eingeholt wird. Mit anderen Worten: die menschliche Ethik wird ausgehebelt von einem globalen Energiebedarf, der durch ökologische Einschnitte in die Energieumwandlung nicht länger gesättigt werden kann.

19. Der liberale Humanismus ist das Programm einer individuellen Identität, die nicht den geringsten Einblick in ihr emotionales Motiv besitzt. Er hat nicht nur alles dafür getan, um das emotionale Unvermögen des Einzelnen bis ins Absurde zu steigern. Er hat auch den Einzelnen freigesprochen von der Verantwortung über seinen persönlichen Energiekonsum.

20. Die ungeprüfte Zustimmung zum emotionalen Motiv des Individuums führt zum emotionalen Unvermögen einer menschlichen Mehrheit, auf dem jede energetische Ineffizienz des menschlichen Organismus tatsächlich basiert. Daher bewirkt der menschliche Organismus durch sein Fehlverhalten exakt, was er um jeden Preis vermeiden will: Selbstselektion durch exzessive Selbsterhaltung.

Diese kognitive Fehlleistung gilt ebenso für die manipulativen Minderheiten und vermeintlichen Profiteure, wie für die manipulierten Mehrheiten und tatsächlichen Verlierer der globalen Gesellschaftssysteme, wobei Täter und Opfer sich abwechseln und durch ihr emotionales Unvermögen energetische Fehlentscheidungen treffen, die sich aufs gesamte System und letztendlich ihre eigene Person erstrecken. Der Effekt der Massengesellschaft beweist dies hinlänglich. Der tägliche Energiekonsum des menschlichen Individuums übertrifft hier um ein Vielfaches den energetischen Eigenwert seiner Biomasse.

Die Selbstbestimmung des menschlichen Individuums ist die Verantwortung des Konsumenten. Aber das Kapitalsystem, das die Richtlinie der Politik bestimmt, kümmert sich nicht um dessen Verantwortung, nur um dessen finanzielle Potenz. Die finanzielle Potenz gibt dem menschlichen Konsumenten die Freiheit über energetische Entscheidungen, die von der Mehrheit menschlicher Konsumenten weder verantwortet noch getragen werden kann. Allein die finanzielle Potenz des Konsumenten ist somit die Legitimation zu einem energetischen Fehlverhalten, das von einem Kapitalsystem wissentlich und willentlich gefördert wird. Dies geschieht exakt solange, bis der Modus der menschlichen Produktion, der gegen die Bedingungen der organischen Welt verstößt, unwirksam wird. Ab diesem Zeitpunkt werden der Konsument und die Freiheit seiner energetischen Entscheidung bedeutungslos.

Das globale Kapitalsystem ist kein Instrument der Vernunft. Es denkt lediglich in Kategorien von existentieller, spezifischer Akkumulation, statt einer holistischer Komplexität, die tranformative und nicht-existentielle Prozesse einschließt. Aus diesem Grund besitzt es keine umfängliche Selbstreflexion, die das expansive Verhalten des menschlichen Organismus reguliert und zu notwendiger Selbstbeschränkung führt. Es kann und es konnte nie verantworten, was es durch die energetische Ineffizienz seiner Energiegewinnung und Produktion als persönliche Verantwortung des Konsumenten deklariert hat. Ihr Argument der persönlichen Verantwortung des Konsumenten ist nur das Scheinargument einer individuellen Vorteilsnahme, die jedes menschliche Gesellschaftssystem noch in diesem Jahrhundert in seinen energetischen Ruin führt. Somit muss sich jedes menschliche Kollektiv irgendwann fragen, ob es sei ̄ ne Eliten, die entstanden sind aus seiner Mitte und einen gemeinschaftsschädlichen Individualismus Massengesellschaft propagieren, (ersichtlich durch die Massengesellschaft) weiterhin uneingeschränkt gewähren lässt.

21. Das Ende der Toleranz für emotionale Motive, die ein emotionales Unvermögen generieren, ist der Beginn von energetischer Effizienz. Toleranz ist intersubjektive Distanz. Sie kann ihre objektiven Ideale nur solange aufrechterhalten, wie ihre subjektiven Möglichkeiten hierfür intakt bleiben. Jedes Ideal, auch Toleranz, stößt daher an einem bestimmten Punkt gegen den Konflikt irgendeiner existentiellen Wirklichkeit. Eine Toleranz, die ständig im Kreuzfeuer einer Intoleranz steht und dieser Intoleranz keine Grenze setzt, ist kontraproduktiv und selbstzerstörerisch. Dass dem so ist, liegt an den organisierten

Strukturen, denen das menschliche Individuum ausgesetzt wird und die zu ihrer Funktionalität nach bestimmten Verhaltensregeln verlangen.

Die Toleranz des liberalen Humanismus, der dem menschlichen Individuum eine ethisch verifizierte Selbstbestimmung erlaubt, aber das emotionale Unvermögen, das seinem energetischen Fehlverhalten entspringt, permanent entschuldigt, legitimiert die individuelle Verantwortungslosigkeit und stellt die Ignoranz des Einzelnen über die rationalen Grundlagen der organischen Welt.

Entweder das menschliche Individuum ist selbstbestimmt, dann muss es auch die Konsequenzen seines energetischen Fehlverhaltens tragen. Oder seine Selbstbestimmung wird beschränkt, dann müssen auch die Möglichkeiten seines energetisches Fehlverhaltens beschränkt werden, deren Konsequenzen bislang Andere tragen.

Aber diese Anderen (die sozioökonomisch Unterprivilegierte und die globale Gesamtheit der organischen Welt), die zum Verkauf und somit der Maximierung energetischer Ineffizienz bislang ausgebeutet werden, können die Konsequenzen, die dem energetischen Fehlverhalten des menschlichen Individuums entspringen, längst nicht mehr tragen. (Denn die Auswirkungen jener fehlenden Konsequenzen treffen allmählich auch ihre Verursacher.)

Dass es nie ein vernünftiges Argument zum Verkauf und Freikauf von energetischer Ineffizienz gab ist selbstevident. Dass das zweckmäßige Argument einer menschlichen Selbsterhaltung, dass die Zerstörung derselben Selbsterhaltung bewirkt, den Verkauf und Freikauf von energetischer Ineffizienz nicht mehr rechtfertigen kann, nimmt der individuellen Selbstbestimmung somit jede ethisch verifizierbare Grundlage. (Selbst die nationalstaatliche Restauration des 21. Jahrhunderts kann die systemübergreifende Zerstörung existentieller Grundlagen auf Basis eines unangetasteten, globalen Kapitalsystems nicht beenden. Das Ende eines finanzzentrierten Individualismus auf Kosten derselben organisierten Strukturen, die diesen Individualismus hervorgebracht haben, ist absehbar. Die Massengesellschaft, die sich selbst abschafft, hat zugleich auch ihr emotionales Motiv, den Individualismus abgeschafft. Spätestens ab diesem Zeitpunkt ist die Toleranz für emotionale Motive, die im Individuum ein emotionales Unvermögen generieren, endgültig Geschichte.)

Da die menschliche Mehrheit ihr energetisches Fehlverhalten nicht korrigiert, wird der menschliche Organismus den fehlenden Konsequenzen seines Fehlverhaltens nicht entgehen. Ob diesem Fehlverhalten nun Ignoranz oder Unwissenheit zugrunde liegen, ändert hierbei nichts an dessen kollektiven Auswirkungen.

Die individuelle Eigenverantwortung kann nicht von einem Individuum auf ein anderes Individuum übertragen werden. Jedes menschliche Individuum ist durch seine Existenz den Gesetzmäßigkeiten von energetischer Effizienz und somit einer Kooperation ausgeliefert, die sich diesen Gesetzmäßigkeiten aus Gründen der kollektiven Selbsterhaltung fügen müssen. Eine individuelle Selbsterhaltung, die nicht auf den Fundamenten einer kollektive Selbsterhaltung steht, ist unmöglich. (Die individuelle Existenz hängt immer ab von kollektiven Faktoren.)

Ein menschliches Individuum, das seine Eigenverantwortung als Konsument nicht tragen kann, kann nicht auf einer uneingeschränkten Selbstbestimmung bestehen, die ihm Macht, Kontrolle und Verantwortung über energetische Effizienz oder Ineffizienz gewähren.

Die menschliche Mehrheit, die in ihrem emotionalen Unvermögen der Manipulation eines globalen Kapitalsystems ausgeliefert ist, muss durch den Totalitarismus energetischer Effizienz emotional domestiziert und global kollektiviert werden. Andernfalls ist kein menschliches Überleben möglich.

Ein menschliches Individuum, dass dem kollektiven Zwang zur Selbsterhaltung, codiert durch die Vernunft einer energetischen Effizienz, nicht Rechnung trägt, bedarf der Zwangsbeschränkung.

Da die Zeit zur ökologisch schadenlosen Umstellung menschlicher Energiegewinnung und Produktion abgelaufen ist, bleibt gegenwärtig nurmehr die vordringliche Einschränkung von menschlichem Konsum und menschlicher Reproduktion, die ihrerseits auf die Modi menschlicher Produktion und Energiegewinnung einwirken.

Die menschliche Ära einer unbegrenzten energetischen Verfügbarkeit, die durch ihren globalen Vertrieb Liberalismus und Individualismus erschaffen haben, kommt zu ihrem Ende. Das menschliche Individuum ist Geschichte. Die kollektive Toleranz seines emotionalen Unvermögens, das ihm selbst finanzielle Profite garantiert, besitzt durchs Ende der energetische Ressourcen keine Grundlagen mehr. Die kollektive Selbstzerstörung, die aus einer permanenten, individuellen Fremdschädigung hervorgeht, zwingt die menschliche Zivilisationen nun endlich zur energetischen Selbstbeschränkung. Somit endet entweder das globale Kapitalsystem samt seinem ideologischen Anhang oder es endet der menschliche Organismus.

22. Die menschliche Psyche findet stets bequeme und schmerzfreie Wege zur Selbsttäuschung. Aber die existentiellen Grundbedingungen des Körpers lassen sich nicht dauerhaft täuschen. Es ist nicht möglich folgenlos Gift in einen Brunnen zu schütten, aus dem man trinkt, ohne sich langsam selbst zu vergiften. Anders ausgedrückt: wer sich dauerhaft falsch ernährt, wird zum Träger typischer Wohlstandserkrankungen. Er generiert, was er ignoriert.

Die menschliche Vorstellung der persönlichen Existenz, die durch gezielte Manipulation menschlicher Gesellschaftssystem in der menschlichen Mehrheit zur Selbsttäuschung führt, stößt gegen die kollektiven Gesetzmäßigkeiten des menschlichen Stoffwechsels. Dies ist so, da jede organische Funktionalität an die energetische Interaktion ihrer Substanzen (zelluläre Wechselwirkung) gebunden ist.

Die Geisteshaltung des Einzelnen wird daher gemessen und gerichtet durch die existentiellen Grundbedingungen seines Körpers, nicht durch die Vorgänge in seiner Psyche. Aus diesem Grund erduldet und erleidet der Körper, was die Psyche beharrlich ignoriert. Die Psyche kennt keine kollektiven Gesetzmäßigkeiten. Sie denkt nur in Möglichkeiten. Solange Möglichkeiten zur Verhaltenskorrektur bestehen, bleibt das tatsächliche Fehlverhalten daher unangetastet. Erst ihr Zwang, der keine Möglichkeiten mehr zulässt, führt folglich zur Veränderung der Geisteshaltung und zur tatsächlichen Verhaltenskorrektur.

23. Umdenken ist die Empfindung in den Schuhen von Fremden. Aber ein Mensch kann nicht umdenken, was er nicht am eigenen Leib empfindet. Und erst die eigene Empfindung korrigiert das persönliche Verhalten. Dies gilt für jedes Verhalten zwischen Menschen oder zwischen innerer (Mensch) und äußerer Welt (Umwelt).

Ökologisches Umdenken ist ein holistischer Prozess, der sämtliche Bereiche der Ökonomie betrifft. Es erfordert ein Umdenken in ausnahmslos jedem Lebensbereich. Aber dieses Umdenken, das erhebliche Umstellungen im täglichen Leben mit sich bringt, erfordert mehr als nur die Bereitschaft zur Veränderung der Geisteshaltung. Es erfordert eine grundlegende Verhaltenskorrektur, die nur stattfinden kann, wenn keine Alternativen mehr zur Verfügung stehen. Erst die persönliche Ausweglosigkeit der Situation macht fremde Schuhe zu eigenen Schuhen.

Im Klartext: der fortschreitende Verstoß des menschlichen Organismus gegen die Symbiose aus Stoffkreislauf und Stoffwechsel muss erst zum Extrempunkt seiner organisierten Anarchie, bevor er endet. Er muss und wird die menschliche Geisteshaltung erst zur emotionalen Ausweglosigkeit ihrer eigenen Ignoranz führen, um anschließend den Wendepunkt einer veränderten strukturellen Konditionierung menschlicher Selbstbezüge hervorzurufen. Dies mag am Anfang durch Methoden der Belohnung, der Anreize, der Strafen oder Verbote erfolgen. Es mag sich durch einen veränderten, digitalen Modus der Manipulation von menschlichen Massen fortsetzen. Am Ende wird dennoch die menschliche Selbstregulation greifen - ob unter Mitwirkung der organischen Welt oder unter einer menschlicher Steuerung, die sich dem Zwang menschlicher Selbstbeschränkung rigoros unterordnen muss. Das Mittel, das eine ökologisches Umgestaltung bewirkt, ist zu diesem Zeitpunkt bereits unerheblich. Die Not der menschlichen Selbsterhaltung rechtfertigt sich allein im Erfolg dieser Selbsterhaltung.

Die massive Verschiebung im ökologischen Fließgleichgewicht von Energieproduktion und Energiekonsum, die auf eine menschliche Energieumwandlung mittels fossiler Energieträger zurückgeht, kann nur durch zwei Maßnahmen beendet werden. Zum einen durch einen menschlichen Modus der Energieumwandlung, der der energetischen Effizienz der organischen

Zelle entspricht. Zum anderen durch einen ‚angemessen Preis'
für jede Form von Energie, der den Energiekonsum des menschlichen Individuums seinem persönlichen Energieumsatz für
diesen Konsum theoretisch annähert. Eine variable Skala, die
jeweilige Preise (für 1 l Benzin, bestimmte Lebensmittel, Menge an Plastik etc.) mittels menschlichem Energieumsatz um-
rechnet, wäre ebenso denkbar, wie ein individuelles Energie⁻
konto, dass den ökologischen Fußabdruck des menschlichen
Individuums zum Maßstab für dessen Energiekonsum nimmt.

24. Das Konzept der menschlichen Freiwilligkeit ist Unsinn.
Die Freiwilligkeit besitzt keinen Willen zur unbedingten Veränderung. Sie bewirkt keine Einsicht in menschliche Verantwortung und folglich keine Verhaltenskorrektur.
Die menschliche Mehrheit entscheidet sich daher nicht freiwil-
lig dafür, was besser ist für ihre gesamte Spezies oder das ge-
samte System. Die menschliche Mehrheit entscheidet sich da-
für, was besser ist für sie als Einzelperson oder ihr persönliches
Umfeld. Warum?
Die Wahlfreiheit der Möglichkeiten ist eine Denkfreiheit, die
zur Verhaltenssperre führt. Das menschliche Individuum ist
Tier. Daher unterliegt somit grundsätzlich einem biologischen
Programm, dass sein persönliches Verhalten an unmittelbare
Konsequenzen koppelt. Seine kognitiven Fähigkeiten, die unmittelbare und abstrakte Zusammenhänge verbinden, eine
Wahlfreiheit von Möglichkeiten bieten und das eigene Verhalten vom biologischen Programm entkoppeln, sind in jedem
menschlichen Individuum potentiell vorhanden. Aber diese
kognitiven Fähigkeiten müssen erst die kognitive Separation
der Oberfläche überwinden und individuell kultiviert werden.
Dies ist nicht zu verwechseln mit der Domestizierung des Individuums durch die Einwirkung zivilisatorischer Normen. Das
Individuum kann die Gesetze und Regeln seiner Zivilisation
befolgen. Es kann ein integriertes und diszipliniertes Mitglied
seiner Gesellschaft sein, aber sein Bewusstsein dennoch unkul-
tiviert und ahnungslos gegenüber der kollektiven Verantwortung, die seine Existenz automatisch mit sich bringt. Es kann
die Auswirkungen seiner Existenz mehrheitlich nicht zu Ende
denken.

Ein Beispiel: Ein Schrank ist ein Schrank. Die Oberfläche zeigt diesen Schrank. Sie zeigt seine Form, sein Material und seinen Preis. Aber sie zeigt nicht die abstrakten Zusammenhänge, die hinter Form, Material und Preis stehen. Die abstrakten Zusammenhänge verlangen Fragen. Wer hat den Schrank hergestellt? Wo wurde der Schrank hergestellt? Unter welchen Bedingungen wurde er hergestellt? Woher stammt sein Material? Welche Eigenschaften hat sein Material? Wie kommt der Preis für diesen Schrank zustande?

Der unmittelbare Zusammenhang ergibt sich bei diesem Schrank aus der Situation von Verkäufer und Konsument. Aber der abstrakte Zusammenhang, der hier zugleich zwischen Produzent oder Hersteller und Endkonsument entsteht, bleibt im Dunklen. Der Endkonsument kennt beim Kauf des Schranks nur den unmittelbaren Zusammenhang. Was er durch seinen Kauf aber tatsächlich auslöst bleibt sekundär. Die Umstände der Herstellung oder Produktion (von Gütern, Waren, Dienstleistungen etc.) finden beim Endkonsumenten in der Regel keine Beachtung.

Im Klartext: Die kognitive Separation der Oberfläche, die abstrakte Zusammenhänge von Ursache und Wirkung ignoriert, bewirkt daher individuelle Separation. Die kognitiven Fähigkeiten einer Verbindung von Zusammenhängen, die Wahlfreiheit und Selbstverantwortung schaffen, bleiben ungenutzt. Somit wählt das menschliche Individuum in der Regel die angenehmste und einträglichste Möglichkeit, um sein Ziel zu erreichen. Die Vermeidung von Schmerz, von persönlichen Nachteilen und die Vorteile von persönlichem Gewinn sind hier primäre Kriterien, nach denen das Individuum letztlich verschiedene Angebote beurteilt und beansprucht.

Dass die Mehrzahl an individuell vorteilhaften Angeboten zu individuellen Fehlverhalten führt wird verständlich, wenn wir uns das Ungleichgewicht zwischen menschlichem Individuum und der Menge an Energie betrachten, dass diesen individuell vorteilhaften Angeboten ebenso vorausgeht, wie nachfolgt.

Da das menschliche Individuum aber keine unmittelbaren Konsequenzen erfährt, die ihm sein Fehlverhalten unmissverständlich verdeutlichen, ist keine freiwillige Korrektur möglich. Somit kann es sein Verhalten nur dann korrigieren, wenn seine

Wahlfreiheit endet. Allein die unmittelbare Konsequenz und der Zwang zur Entscheidung löst die Barriere einer Geisteshaltung, die durch ihre Wahlfreiheit zur Verhaltenssperre geführt hat. Die Tragik der menschlichen Freiheit ist die Ignoranz einer individuellen Entscheidung, die nicht die Tragweite ihrer kollektiven Konsequenzen sieht.

Das Recht der persönlichen Entscheidung ist daher verbunden mit Konsequenzen, die von der menschlichen Mehrheit nicht getragen werden können. Die Minderheit der Einzelnen, die in der Lage sind, die Konsequenzen ihrer persönlichen Entscheidung zu tragen, zahlen letztlich den Preis für die Entscheidung, die von den kollektiven Effekten organisierter Strukturen über die gesamte Spezies getroffen wird. Dieser Preis ist die Freiheit einer Selbstbestimmung, die mit dem partiellen Zwang zu ineffizientem Energiekonsum beginnt und in der totalen Kontrolle des Individuums endet.

25. Es ist nie die Wahlfreiheit der Möglichkeiten, die etwas verändert. Es ist immer die emotionale Ausweglosigkeit der Situation, die einen rationalen Ausweg aufzeigt. Nur der Überlebenswille kann jede Barriere im eigenen Kopf überwinden.

26. Verhalten ist die Haltung der Selbstbegegnung. Eine Selbstbegegnung, die ihre Haltung an persönlichen Vorteilen misst, führt automatisch zu unvernünftigem Verhalten. Die energetische Verhaltenskorrektur der menschlichen Mehrheit erfolgt nur aus dem Entzug der Wahlfreiheit von Möglichkeiten. Ein Gesellschaftssystem muss daher zuerst seine eigene Ausweglosigkeit manifestieren und vor seinem unweigerlichen Zusammenbruch stehen, bevor es in seiner grundlegenden Verhaltenskorrektur nicht nur den einzigen Ausweg erkennt, sondern diesen Ausweg auch umsetzt.

27. Die Begriffe ‚Umwelt' und ‚Natur- oder Umweltschutz' sind ‚das' perfide Paradigma einer menschlichen Verleugnung, der eine kognitive Fehlfunktion zugrunde liegt. Die organische Welt im System Erde ist ein einziger Organismus, dessen diverse Ökosysteme und Organismen als pluralistische Einheit fungieren.

Allein das menschliche Individuum besitzt aufgrund der kognitive Fehlfunktion seiner vermeintlichen Separation oder Autonomie nicht das Bewusstsein für seine Inklusion in jene organischen Prozesse, durch die es existiert.

Die fehlende Konsequenz für das energetische Fehlverhalten des Individuums verhindert noch immer den kollektiven Zwang zu einer holistischen Reflexion, die weit über den Begriff der ‚Umwelt' oder auch ‚Mitwelt' hinausgeht.

‚Umwelt' und ‚Natur- oder Umweltschutz' verdeutlichen hervorragend die Problematik der kognitiven Fehlfunktion des menschlichen Individuums. Sie zeigen die ganze Ignoranz einer Geisteshaltung, die vorsätzlich gegen den menschlichen Stoffwechsel agiert.

Die Natur oder organische Welt benötigen keinen Schutz vor dem Menschen.

Es ist der Mensch, der durch sein energetisches Fehlverhalten Schutz vor sich selbst benötigt. Der Mensch muss seinen Stoffwechsel schützen vor einer Ignoranz, die durch individuelle Vorteilsnahme Ursache und Wirkung der eigenen Verhaltensweise von der eigenen Person separiert hat.

Noch schlimmer als die allgemeine Ignoranz ist aber die elitäre Rechtfertigung dieses Fehlverhaltens durch Argumente, die im globalen Kapitalismus sonst keinerlei Beachtung finden: Erhalt von Arbeitsplätzen, soziale Gerechtigkeit, ethische Grundsätze, die Freiheit des Individuums. Und zum Abschluss heißt es: „In Zukunft …" - „In Zukunft wird dies, in Zukunft wird jenes …"

Und wann soll diese Veränderung der Zukunft mittels menschlicher Verhaltenskorrektur stattfinden?

Die Antwort gibt die Veränderung der organische Welt, die längst stattfindet.

Die existentiellen Wirklichkeiten haben den menschlichen Organismus überholt. Und selbst die Zeit, da politische Ausreden und Scheinargumente noch ihre Wirkung erzielten, ist vorbei.

Der Moment der menschlichen Verhaltenskorrektur ist immer jetzt, nie irgendwann.

(Dass diese menschliche Verhaltenskorrektur ausgeblieben ist, ausbleibt und solange ausbleiben wird, bis kein Schutz des menschlichen Stoffwechsels mehr möglich ist, erhärtet nur den Verdacht, dass der menschliche Organismus im System Erde keine Daseinsberechtigung mehr hat. Der menschliche Organismus hat nicht gelernt sich vor sich selbst zu schützen. Und er wird es nicht lernen. Seine kognitiven Fähigkeiten sind begrenzt auf das biologische Programm der individuellen Vorteilsnahme. Die gesellschaftlichen Kollektive, die er hervorgebracht hat, sind daher nicht entstanden, um seine Sozialkompetenz, seine zwischenmenschliche oder organische Kooperation zu vertiefen. Sie sind nur entstanden, um die Möglichkeiten seiner individuellen Vorteilsnahme zu maximieren. Aber seine Unfähigkeit zur individuellen Verhaltenskorrektur, die seine gesellschaftlichen Kollektive abbilden, werden ihm nun zum Verhängnis.)

Der menschliche Organismus kann nur überleben, indem der planetarische Organismus geschützt wird vor menschlicher Ignoranz und Habgier. Beide Organismen wirksam zu schützen, heißt die eigene Person wissentlich in den Zustand partieller Nachteile zu versetzen. Die Frage essentieller Bedürfnisse, die das eigene Überleben sichern, ist hierbei der beste Schutz gegen die Einflüsse menschlicher Ignoranz und Habgier.

Wir halten fest: Die Frage essentieller Bedürfnisse bedeutet nicht den totalen Verzicht energetischer Möglichkeiten. Es bedeutet eine maßvolle Selbstbeschränkung, die den eigenen Energiekonsum möglichst reduziert.

28. Der menschliche Organismus glaubt an die Wirksamkeit seiner (organischen) Existenz. Die einzige Wirksamkeit, die der menschliche Organismus aber tatsächlich erreichen kann, ist eine biologische Selbsterhaltung im Rahmen energetische Effizienz. Denn die Beseitigung sämtlicher natürlichen Hindernisse, die mittels menschlicher Organisation zur menschlichen Überpopulation geführt hat, erhöht überhaupt nicht die Wirksamkeit biologischer Selbsterhaltung. Im Gegenteil. Indem der menschliche Organismus durch die energetische Rückkopplung seiner exzessiven Reproduktion (Konsum, Produktion) die fertilen Mechanismen der Substrate überfordert, vermindert er zugleich die Wirksamkeit seiner biologischen Selbsterhaltung. (Ganz abgesehen vom ineffizienten Modus der Energiegewinnung, durch welche die menschliche Organisation erst in der Lage war den menschlichen Organismus zum eigenen Akkumu‾

lator ihrer energetischer Ineffizienz zu erheben.) Die Wirksamkeit von (organischer) Existenz durch biologische Selbsterhaltung ist für jeden Organismus gleich.

Die ungebremste Reproduktion und Überpopulation eines einzelnen Organismus führt durch die Verminderung der biologischen Selbsterhaltung anderer Organismen automatisch zur verminderten Wirksamkeit der biologischen Selbsterhaltung jenes einzelnen Organismus.

Die Beseitigung sämtlicher natürlichen Hindernisse, die zur menschlichen Überpopulation geführt haben und führen, bringt dem menschlichen Organismus somit erst das entscheidende Hindernis, das nach einer erneuten Lösung verlangt. Entweder wir erschaffen schnellstmöglich künstliche Hindernisse, die in die bestehende Leerstelle menschlicher Selektion treten. Oder wir lassen einer Selbstregulation, die durch zunehmende Infertilität der organischen Welt bereits abläuft, ihren freien Lauf.

29. Die Gewissheit der existentiellen Bedeutungslosigkeit spricht den menschlichen Organismus frei von der Verantwortung für seinen eigenen Stoffwechsel. Zynismus oder Gleichgültigkeit sind daher keine Optionen der Eigenverantwortung und Vernunft. Sie verbieten einen Zynismus oder eine Gleichgültigkeit, der die energetische Ineffizienz wissentlich vorantreibt, um sie durchs Argument einer menschlichen Selbstselektion rascher zu beseitigen.

30. Der Glaube an die Wirksamkeit menschlicher Existenz ergänzt sich optimal mit der Gewissheit einer existentiellen Bedeutungslosigkeit, die sich beide an den falschen Selbstbezügen messen.

31. Die Wirksamkeit liefert das emotionale Motiv, die Gewissheit das rationale Argument.

32. Dass sich Wirksamkeit, wie Gewissheit an einem falschen Selbstbezug messen, liegt ausschließlich an ihrer Ignoranz für die holistischen Zusammenhänge zwischen menschlichem Stoffwechsel und organischem Stoffkreislauf. Jede Form menschlicher Wirksamkeit, interpretiert und emotional verzerrt durch kollektive Mythen, erschöpft sich daher immer an der selbstregulativen Funktionalität des menschlichen Organismus als Energieträger der organischen Welt.

33. Der falsche Selbstbezug des menschlichen Individuums geht zurück auf dessen individuelle Separation vom organischen Kollektiv. Aber die vermeintliche Autonomie des Individuums, das sich von den Wirkungen seiner individuellen Vorteilsnahme freispricht, wird von den eigenen Ursachen eingeholt.

34. Die Wirksamkeit operiert über den menschlichen Sonderstatus. Aber der menschliche Organismus ist ein Produkt der organischen Welt. Sein Stoffwechsel ist endlich. Daher genießt er keinen Sonderstatus.

35. Die Gewissheit operiert über universelle Gleichgültigkeit. Aber der menschliche Organismus ist ein Energieträger der Biosphäre. Eine energetische Funktion (oder auch Fehlfunktion) widerspricht der These einer universellen Gleichgültigkeit.
36. Beide, sowohl Wirksamkeit, wie Gewissheit sind somit Ursache für die energetische Ineffizienz des menschlichen Organismus.

37. Der richtige Selbstbezug schaut voraus auf eine individuelle Reintegration ins menschliche Kollektiv. Aus diesem Grunde ist die organisierte Wiederherstellung von energetischer Effizienz im System Erde auch der finale Schritt von menschlicher Zivilisation.

38. Organische Existenz ist keine Möglichkeit zu einer existentiellen Wirksamkeit, die über biologische Selbsterhaltung und Reproduktion hinausgeht. Sowenig ist sie das Argument für eine persönliche Verantwortungslosigkeit, die sich einer universellen Gleichgültigkeit bedient.
Der menschliche Organismus ist den existentiellen Wirklichkeiten seines Stoffwechsels ausgeliefert: organische Existenz ist Kampf, kein Leiden. Aber sie erzeugt durch den menschlichen

Organismus, der durch seine kognitive Separation von der organischen Welt an eine persönliche Wirksamkeit außerhalb seiner biologisch-existentiellen Grundbedingungen glaubt, kollektives Leiden.

Kein Organismus in der Natur leidet. Er leidet erst durch menschliches Fehlverhalten.

Die Symbiose von Stoffwechsel und Stoffkreislauf bewirkt funktionale Bedingungen, die keine nervlichen oder emotionalen Befindlichkeiten durch Organismen berücksichtigen. Dies gilt ausnahmslos für sämtliche Organismen. Aber es gilt umso mehr für den menschlichen Organismus, der durch seinen kollektiven Glauben an eine ganz persönliche, existentielle Wirksamkeit sein eigenes Leiden hervorruft und hiermit zugleich die Selbstselektion seiner Spezies bewirkt. Dass er durch seinen Glauben an eine persönliche Wirksamkeit sein eigenes Leiden nur vergrößert, liegt an der energetischen Ineffizienz, die er gegen sein Leiden einsetzt.

Der eigene Anspruch ist immer Auslöser, Produkt und Gradmesser der Gesamtheit an Leid, den organische Existenzformen allgemein erdulden. Und ein menschliches Verhalten, das energetische Ineffizienz bewirkt, verstärkt automatisch dieses Leiden. Warum?

Der Glaube an eine persönliche wie kollektive Wirksamkeit menschlicher Existenz kann seinen emotionalen Ansprüchen nie gerecht werden, solange er nicht akzeptiert, dass sich die Wirksamkeit organischer Existenz mit seiner biologischen Selbsterhaltung bereits erschöpft.

Das kollektive Leiden sämtlicher Organismen wird daher nur verringert durch menschliche Selbstbeschränkung und Verzicht. Die bewusste Entscheidung von energetischer Selbstbeschränkung und Verzicht ist die größtmögliche Vernunft, die ein menschliches Individuum erreichen kann. Sie ist Selbstbestimmung durch Eigenverantwortung.

Es ist also keine Frage, dass die menschliche Existenzform zweifellos die schwierigste oder kniffligste aller organischen Existenzformen bildet. Aber es ist die Frage, welches Verhalten das menschliche Individuum unter besagten funktionalen Bedingungen zeigen sollte, um das allgemeine Leiden organischer

Existenz, das den Ansprüchen einer vermeintlichen Autonomie des menschlichen Organismus entspringt, zu verringern. Da kein Organismus sich zur Existenz entscheidet, ist es nur universelles Recht und im menschlichen Eigeninteresse die energetische Ineffizienz des menschlichen Organismus zu beenden. Diese Ineffizienz wird nur beendet durch einen veränderten Umgang mit Energie. Die menschlichen Modi der Energiegewinnung, der Produktion, des Konsums und der Reproduktion bedürfen fundamentaler Reformen. Energiegewinnung und Produktion müssen reversibel, Konsum und Reproduktion beschränkt werden.

39. Der liberale Humanismus (oder auch globale Neoliberalismus) verspricht durch ‚Korrektur der inneren Einstellung' ein individuelles Glück. Er weckt im menschliche Individuum erst künstliche Bedürfnisse, Begierden und letztlich unverhältnismäßige Ansprüche, um das Individuum anschließend in den Kampf gegen ein Leiden zu schicken, das es selbst hervorgerufen hat. Tatsächlich vergrößert er aber nicht nur das eigene, wie kollektive Leid. Er vergrößert durch die künstlichen Bedürfnisse auch das emotionale Unvermögen, das menschliche Fehlverhalten und somit die energetische Ineffizienz.
Dieser liberale Humanismus, das perfide Konglomerat aus neoliberalem Kapitalsystem und anthropozentrischer Ethik, führt die menschliche Mehrheit zu einem anarchistischen Individualismus, der den exzessiven Energiekonsum der menschlichen Spezies weiter verstärkt. Dass seine finanziellen Interessen, die das emotionale Unvermögen des menschlichen Individuums vorbehaltlos unterstützen, zur menschlichen Optimierung führen, ist das logische Ergebnis der kognitiven Separation, die den menschlichen Organismus von der organischen Welt trennt. Dass diese menschliche Optimierung durch irreversible Energiegewinnung und exzessiven Energiekonsum schlussendlich aber die organische Welt und somit die menschlichen Grundbedingungen zerstören, ist das logische Ergebnis dieser kognitiven Separation.

40. Die Illusion spiritueller Ideologien erleichtert zwar das persönliche Leiden, verringert aber nicht das kollektive Leiden.

Sie verspricht dem menschlichen Individuum eine irrationale Lösung und gibt seinem emotionalen Unvermögen somit Halt. Da ihre ‚exklusiven Werte' den menschlichen Organismus aber über die organische Welt stellen, lässt sie die energetische Ineffizienz, die dem exzessiven Energiekonsum des Individuums entspringt, nicht nur unangetastet. Ihre unerlässliche Botschaft vom Glauben in die Wirksamkeit der menschlichen Existenz rechtfertigt ihn noch.

41. Allein die rationale Einsicht in die unabänderliche Verbindung von organischer Existenz und einer Wirksamkeit, die sich in biologischer Selbsterhaltung erschöpft, führt zur Einsicht ins emotionale Motiv. Sie beendet das emotionale Unvermögen, den exzessiven Energiekonsum des Individuums und somit die energetische Ineffizienz. Denn erst das illusionslose Ertragen von persönlichem Leiden, das die Gewissheit einer existentiellen Wirkungslosigkeit einschließt, bewirkt die Verringerung von eigenem wie kollektivem Leiden.

42. Die persönliche Selbstbeschränkung, die sich der autodynamischen Transformation von Energie annähert, hat das emotionale Unvermögen abgelegt und geht ohne persönliche Rückstände durch den Stoffkreislauf.

43. Der Stoffkreislauf im System Erde besitzt einen spezifischen Sättigungswert. D.h. er kann nicht mehr Energie generieren, als die Biosphäre transformieren kann. (Wir erwähnten bereits die fertilen Mechanismen der Substrate). Der Anstieg einer menschlichen Produktion, die den ökologischen Sättigungswert übersteigt, führt zur Störung des Stoffkreislaufs, einer absehbaren Infertilität der Ökosysteme und folglich dem Entzug existentieller Grundbedingungen. Somit kann menschliche Produktion nur dauerhaft stattfinden, wenn sie den ökologischen Sättigungswert nicht überschreitet, nicht in den Stoffkreislauf und zugleich den eigenen Stoffwechsel eingreift.

44. Da Existenz den Input in einen unveränderlichen Stoffkreislauf bildet und jeder Organismus zugleich Energiequelle, Energiespeicher und Energiekonsument ist, muss der Bestand

an Organismen, vom menschlichen Organismus in Ungleichgewicht gebracht, wieder reguliert werden. Die Beschränkung der menschlichen Population auf eine ökologisch nachhaltige Anzahl ist nicht nur human. Sie entspricht auch dem Schlüssel einer Selbstregulation, die ein Gleichgewicht der Ökosysteme und somit energetische Effizienz gewährleistet.

Der menschliche Organismus des späten 21. Jahrhunderts muss und wird seine Spezies ins ökologische Gleichgewicht einbeziehen. Er muss und wird seine eigene Population ebenso regulieren, wie er heute bereits die Bestände an Wildtieren in seinen Parks und Wäldern reguliert.

45. Kein System ist autonom. Dies gilt für sämtliche Systeme, sowohl für kosmische Systeme, wie für Systeme, die von Menschenhand errichtet sind. Dass kein System autonom ist, seine Energie also nicht komplett aus eigenem Potential generiert, hat nichts zu tun mit der wissenschaftlichen Definition von geschlossenen oder offenen Systemen. Das System Erde ist zwar ein geschlossenes System, aber seine organische Existenz hängt an der Energiequelle der Sonne, während es gleichzeitig Wärme abgibt. Das Sonnensystem ist ein offenes System, aber seine systemimmanenten Mechanismen hängen an den systemimmanenten Mechanismen seiner Nachbarsysteme, wie umgekehrt. Folglich sind die energetischen Bedingungen eines Systems, seine Energieumwandlung, -produktion und -konsum immer an die energetischen Bedingungen anderer Systeme gekoppelt.

Jedes System ist nur das Teilsystem eines größeren Teilsystems. Es ist nur die Teilfunktion einer weiteren Teilfunktion.

In einer Welt globaler Ökonomie, in der sämtliche Verschiebungen oder Verteilungen von Ressourcen (bzw. energetische Verfügbarkeit) zusammenhängen, besitzen lokale Gesellschaftssysteme (Staaten und ihre Regierungen) keine Autonomie mehr. Aber ihre gegenseitige Kooperation kann nur funktionieren, wenn die extreme energetische Umverteilung, die durch globale Konzerne noch immer stattfindet, begrenzt wird. Die Mehrzahl globaler Konzerne agiert in einem anarchistischen Individualismus, der die organisierten Strukturen der Zivilisation weiterhin ausschließlich zu exklusiven Interessen nutzt. Da diesen Konzernen die kalkulierte Verhinderung einer umfassenden Kooperation lokaler Gesellschaftssysteme finanzielle Profite garantiert, wird erst die unmittelbare Konsequenz ihres Verhaltens, die ihre Konsumenten und Verursacher vollauf trifft, ihren anarchistischen Individualismus beenden.

46. Jedes System bildet ein infinites Teilsystem und bildet durch seine sämtlichen Bestandteile eine Schnittmenge mit dem Gesamten. Das Universum fungiert als Einheit.

Arthrobacter[22] hat die gleiche Bedeutung für den Informationspool (*Quantendaten*)[23] der kosmischen Gesamtheit wie Antares[24] und besitzt daher einen identischen Informationsanteil oder Link.

‚Einheit ist plural und besteht im Minimum aus zwei.[25] 'Wir fügen hinzu: diese Einheit durch Pluralismus (Synergie) arbeitet selbst bei zwei Informationen (pseudo-autonome Teileinheit), die keinerlei ‚erkennbare' gemeinsame Schnittmenge oder Kausalität aufweisen, zumindest mittels (bisher unbekannte) Informationsmuster oder Binärcodes (z.B. spezifische Quantendaten), die sämtliche Informationen (Informationspool) kosmologisch aufeinander abstimmen und/oder miteinander verschränken. Die Natur enthält keine überflüssigen Informationen. Jede Information in jedem Teil-System dient einer holistischen Zweckmäßigkeit.

Da jedes System nur ein Teil-System darstellt und somit nie autonom ist, ist auch kein System in der Lage aus eigener Kraft eine energetische Ineffizienz zu erzeugen. Dies ist nur der Fall, sobald ein System die Energie eines anderen oder anderer Systeme nutzt. Wenn dieses System aber die Energie eines anderen oder anderer Systeme nutzt, verlieren sämtliche beteiligten Systeme zwangsläufig ihre energetische Effizienz. Somit kann ein einzelnes System nach vollzogener Ineffizienz nicht aus eigener Kraft wieder zu Effizienz gelangen. Die nun bestehende Ineffizienz sämtlicher beteiligter Systeme ist nur reversibel durch die gemeinsame Rückbesinnung aller betroffener Systeme zu energetischer Effizienz. Andernfalls bleibt die Ineffizienz solange bestehen, bis der ökologische Effekt der Kooperation, der jedes System miteinander verbindet, sämtlichen beteiligten Systemen die Grundlagen ihrer Ineffizienz entzieht.

47. Die globale Rückbesinnung des menschlichen Organismus auf seine energetische Effizienz ist ein langwieriger Prozess. Die gegenwärtige Geschwindigkeit, mit der Industrienationen an ihrer ökologischen Nachhaltigkeit tüfteln, lässt keinen Zweifel an den bevorstehenden Eingriffen der organischen Welt. Aber das Zeitfenster der Ökosysteme schließt sich schneller als eine Verringerung der energetischen Ineffizienz durch menschliche Zwangsmaßnahmen ihr Schließen verhindern kann.

48. Um den energetischen *Zustand n* in Gesellschaftssystem **A** dauerhaft zu erhalten, den **A** nicht autonom geniert, benötigt **A** stets die Energieressourcen von Gesellschaftssystem **B**. Das Gefälle energetischer Verfügbarkeit, das zwischen System **A** und System **B** hierbei entsteht, vertieft sich solange, bis die Ressourcen von System **B** erschöpft sind. Dies bedeutet, dass System **A** seinen energetischen *Zustand n* mit der Zeit automatisch einbüßt. Die Folge ist, dass sich die energetische Ausrichtung und daher existentiellen Bedingungen in System **A** grundlegend verändern. Da wir hier aber von Zeitprozessen sprechen, wird System **A** zuvor alternative Konzepte zur Energieumwandlung finden und zugleich die Wahrnehmung seiner menschlichen Bevölkerung verändern. Das heißt, die grundlegende Veränderung seiner energetischen Neuausrichtung ist graduell und wird nicht vollauf spürbar, während System **B** durch seine fehlenden Alternativen extreme energetische Mängel erfährt.

Konkret: Nehmen wir als Beispiel für Gesellschaftssystem **A** einen **Industriestaat X** und für System **B** ein **Entwicklungsland Y**. Die Energieumwandlung von **X** hängt an den Erdölressourcen und Bodenschätzen von **Y**. Um seine Energieumwandlung und somit Produktion zu sichern, korrumpiert **X** System **Y** und nimmt **Y** die Grundlage zur Selbstversorgung. Aber **X** versorgt nicht nur das eigene System, es versorgt auch **Y** mit Produkten, die aus dessen eigenen Ressourcen stammen. Da die Bevölkerung von **Y** sich durch die Produktversorgung immer schneller reproduziert und somit sein Konsum ansteigt, muss **X** seine Energieumwandlung und Produktion drastisch erhöhen. Die Folge ist, dass die Ressourcen sich immer schneller aufbrauchen. **X** weiss, dass sich die Ressourcen von **Y** erschöpfen.

Also sattelt **X** mit der Zeit um. **Y** kann nicht umsatteln. Seine Produktion und sein Konsum hängen völlig ab von der Energieumwandlung, die **X** durch seine Ressourcen betreibt. Wenn seine Ressourcen daher erschöpft sind, wird die energetische Neuausrichtung für **Y**, das völlig unvorbereitet ist, harte Einschnitte in Produktion, Konsum und Reproduktion bringen.

Noch konkreter: um die Werte von Ethik, Demokratie und Wohlstand in Industriestaat **X** zu manifestieren und erhalten, bedarf es einer Energieumwandlung, die Produktion und Konsum gewährleistet. Um diese Energieumwandlung zu sichern, muss man außerhalb von **X** gegen dieselben Werte verstoßen. Somit erschafft und vergrößert man außerhalb von X die sozioökonomischen Missstände, von denen man **X** sorgfältig freihält. Das ansteigende Gefälle von **X** und **Y**, dass hieraus entsteht, genannte Werte an eine energetische Verfügbarkeit koppelt und zur Abschottung von **X** führt, baut ausschließlich auf vorhanden Energieressourcen von **Y**. Sind diese Energieressourcen von **Y** aber erschöpft, enden weder das Gefälle noch die Abschottung von **X**. Im Gegenteil. **X**, dass durch alternative Energieumwandlung vorgesorgt hat, während **Y** ins Bodenlose fällt, wird seine Abschottung sogar zeitweilig maximieren. Da **X** und **Y** im System Erde aber energetisch zusammenhängen, wirkt die ungelöste Ineffizienz von **Y** solange ein auf **X**, bis **X** auch die Effizienz von **Y** wiederherstellt. Der Aufwand, den **X** hierzu betreiben muss, entspricht der Energie, die **X** zuvor aus **Y** entnommen hat.

49. Wird der Modus der menschlichen Energieumwandlung reversibel, und er muss reversibel werden, da fossile Brennstoffe endlich sind, passen sich die Modi von Produktion, Konsum und Reproduktion automatisch an. Der Modus der menschlichen Energiegewinnung entscheidet somit über die energetische Effizienz oder Ineffizienz im System Erde durch den menschlichen Organismus.

Da der gegenwärtige Modus der Energieumwandlung sich aber nicht an Effizienz oder Ineffizienz orientiert, sondern noch immer ausschließlich an Profit, kann der energetische Determinismus nur auf eine Art aufgebrochen werden: durch den Modus des Konsums. Das Bewusstsein des Individuums für seinen persönlichen Energiekonsum wirkt zurück auf den menschlichen Modus von Produktion und Energieumwandlung. Dieses Bewusstsein des Einzelnen wird ersichtlich durch ein öffentliches Bewusstsein, das nach und nach die Wahrnehmung der menschlichen Mehrheit in jedem Gesellschaftssystem beeinflusst, sozioökonomischen Druck erzeugt und deren Anpassung an einem veränderten Modus des Energiekonsums trägt.

50. Wir fragen, wohin steuert der menschliche Organismus? Wohin führt der Weg der menschlichen Zivilisation?

Die menschliche Zivilisation ist ein fortschreitendes Projekt der globalen Kollektivierung sämtlicher Zivilisationen. Diese Kollektivierung oder Vereinheitlichung findet statt durch eine geoökonomische, geoökologische und folglich geoenergetische Angleichung gesellschaftlicher Standards an ökologische Bedingungen. Die energetische Endlichkeit einer irreversiblen Energieumwandlung oder Energieproduktion, die den Stoffkreislauf der Biosphäre einschränkt, hängt die langfristige Erhaltung zivilisatorischer Begriffe maßgeblich an eine vernünftige Verteilung von Energie im gesamten System Erde.

Die menschliche Kollektivierung oder Vereinheitlichung ist Voraussetzung zur Kooperation mit den energetischen Statuten der Natur.

Aber sie kann nicht stattfinden ohne kulturelle Veränderungen, die Auflösung von archaischen Mustern, Traditionen oder ganzen Gesellschaftsformen.

Wenn wir uns die Entwicklung menschlicher Zivilisation seit den ersten Hochkulturen betrachten wird deutlich, wie die wachsende Distanz zwischen Individuum und Kollektiv, mittels organisierter Strukturen und technologischer Entwicklungen, zur maximalen Individualisierung geführt hat.

Der ineffiziente Modus der menschlichen Energieumwandlung mittels fossiler Energieträger hat im Zuge der Industrialisierung das Spannungsfeld zwischen Individuum und Kollektiv verstärkt.

Dies wird ersichtlich an einer kommunistischen Idee, die am emotionalen Unvermögen des Individuums scheitern musste. Der zivilisierte Mensch des frühen 20. Jahrhunderts war seiner Selbstzerstörung durch Zerstörung der Biosphäre noch nicht begegnet. Die Möglichkeiten der Energieumwandlung und kommunikativen Vernetzung schienen ihm grenzenlos. Er hatte zwar rational erfasst, das die menschliche Individualisierung zu sozioökonomischen Extremen innerhalb seiner Gesellschaftssysteme führt. Aber er hatte noch nicht rational erfasst, dass die ökologische Dimension dieser Extreme das gesamte System betrafen.

Erst jetzt, da die ansteigende Unwirksamkeit der Biosphäre eine Beschränkung von organischer Existenz bringt, ist der zivilisierte Mensch allmählich gezwungen sein emotionales Unvermögen abzulegen und zu erkennen, dass der unveränderte Modus seiner Energiegewinnung seinen Stoffwechsel tötet.

Erst jetzt, da die organische Welt die Möglichkeiten der Selbsterhaltung einschränkt, muss der zivilisierte Mensch seinem organisierten Fehlverhalten entgegentreten und dem mehrheitlich verantwortungslosen Individuum, dem er zuvor sämtliche Freiräume ermöglicht hat, in seine Schranken weisen.

Es kann keine Rede mehr davon sein, dass die menschliche Zivilisation in der Freiheit individueller Selbstbestimmung endet. Es kann keine Rede mehr sein vom dauerhaften Wert einer menschlichen Selbstbestimmung, in der eine menschliche Ethik der energetischen Effizienz des Individuums entgegensteht. Es kann keine Rede mehr davon sein, dass die menschliche Zivilisation am emotionalen Unvermögen des Individuums und dessen liberalem Humanismus zerbricht.

Selbst der menschliche Organismus des frühen 21. Jahrhunderts, der gelernt hat in sozioökonomischen Zusammenhängen zu denken und zu handeln, kann den Anarchismus seiner kognitiven Separation nicht ablegen. Sein Denken und Handeln wird noch immer geleitet von einer Ignoranz und individuellen Vorteilsnahme, die jede Notwendigkeit der universellen Kooperation weiterhin verhindert.

Es ist Tatsache, dass die menschliche Mehrheit nicht fähig ist zu vernünftigem Umgang, Kontrolle und Verantwortung über die energetische Macht, die ihr ein industrieller Anarchismus an die Hand gibt. Die logische Konsequenz, die sich aus den organischen Schäden dieser Unvernunft ergibt, ist der Entzug der energetischen Macht und somit die unvermeidliche Beschränkung der individuellen Selbstbestimmung.

Zuerst hat die Zivilisation ihre Gemeinschaften auf gesellschaftlichen Hierarchien gegründet, die zu individueller Ungleichheit führten. Dann hat sie, im Zuge ihrer Entdeckung des Individuums, die Gleichheit vor dem Gesetz und die Freiheit individueller Selbstentfaltung bewirkt.

Hier nimmt die ursprüngliche Idee der Zivilisation zum ersten mal greifbare Formen an: eine individuelle Autonomie von gesellschaftlicher Hierarchie, die auf menschliche Selbstverantwortung gründet. Aber hier liegt auch das Dilemma.

Die Möglichkeit der individuellen Selbstverantwortung fußt auf einem organisierten Komplex, der diese Selbstverantwortung an einen ineffizienten Modus der Energieumwandlung koppelt. Das heißt, der freie Zugriff auf Energie, der unsere Grundbedingungen befriedigen soll, aber unsere gesamte Lebensweise beeinflusst, zwingt uns zum Verzicht und zur energetischen Beschränkung.

Da unsere menschlichen Mehrheit aber die energetische Endlichkeit des Planeten ignoriert, zerstören wir uns selbst.

Daher kann die individuelle Selbstverantwortung nicht länger an einen ineffizienten Modus gekoppelt werden, der einem mehrheitlich ignoranten Individuum die Macht zur kollektiven Selbstzerstörung überlässt.

Der Traum von menschlicher Freiheit mittels individueller Selbstbestimmung ist zerbrochen. Er ist zerbrochen an der Verantwortungslosigkeit eines menschlichen Individuums, das sich durch seine organisierten Strukturen - bis zum Kollaps seiner Grundlagen (auf Kosten seiner Grundlagen) - von den Konsequenzen dieser Verantwortungslosigkeit freigekauft hat.

Wir sehen hier, wie die ursprüngliche Idee der Zivilisation scheitert und nach einer menschlichen Annäherung an das universelle Vernunftprinzip der Natur verlangt. Der Mensch, der weiss, dass er nicht dass Zentrum des Kosmos bildet, muss für seine Rolle als Energieträger der Natur endlich Verantwortung übernehmen. Er kann nicht länger existieren in einer selbstgefälligen Separation. Er bedarf einer radikalen Kooperation, die über die eigene Selbsterhaltung hinausgeht und die

Rückstände seiner zivilisatorischen Existenz aus dem planetarischen Organismus beseitigt.

Die finanzielle Liquidität des Individuums, dass gegenwärtig noch einer individuellen Zentralisierung globaler Kapitalströme mittels privater Multis in die Hände spielt, kann weder den fortschreitenden Wassermangel noch die damit verbundene Infertilität der organischen Welt und ihrer Substrate aufhalten. Das Ende der energetischen Verfügbarkeit ist der Anfang der energetischen Zuteilung.

Die fundamentale Regulierung und Neuausrichtung der menschlichen Modi der Energiegewinnung, Produktion, Konsum und Reproduktion, sprich, das Ende des globalen Kapitalismus ist auch das Ende nationaler Gesellschaftssysteme, die durch ihre ökonomische Verhaltensstarre die menschliche Zivilisation erst erschaffen und schließlich an den Rand ihrer Selbstselektion gebracht hat.

Das zukünftige Gesellschaftssystem fordert sein menschliches Opfer nicht mehr im Namen zwischenmenschlicher Konflikte, sondern im Namen der konkreten Idee einer zivilisierten Selbsterhaltung durch Schonung verbliebener Ressourcen und energetische Effizienz.

Der wahre Konflikt menschlicher Interessen, bisher maskiert als nationalstaatlicher, ethischer, religiöser oder kultureller Nebenschauplatz, tritt endlich offen zu Tage. Es ist der Konflikt der energetischen Verfügbarkeit, der jede Frage der Ethnie, Kultur oder Nation ad acta legt und die exklusiven Interessen gesellschaftlicher Kollektive zur Integration in ein ökologisch verträgliches Weltsystem zwingt.

Dieser Konflikt kulminiert in der Begegnung des Individuums mit der (spürbaren) Endlichkeit seiner energetischen Garantien. Er beendet die Unternehmungen kultureller und nationalstaatlicher Restaurationen im frühen 21. Jahrhundert und erschafft das multinationale System einer postkapitalistischen und totalitären Technokratie, dessen Agenda eine kollektive Verhaltenskorrektur beschreibt und daher keinen Wert auf individuelle Identitätsfragen nimmt. Der Mensch, der endlich an die Grenzen seiner energetischen Verfügbarkeit stößt, verliert zugleich auch seine Möglichkeiten von individueller Identität. Er ist nur noch ein Organismus unter vielen, der zu seiner

Selbsterhaltung den illusorischen Glauben an seine existentielle Wirksamkeit in den Rahmen seiner Grundbedingungen stellen muss.

Es zählt nicht die Freiheit des menschlichen Individuums. Es zählt die zweckmäßige Selbsterhaltung des Gesamten. Es zählt das ‚noch Verbliebenen' an funktionalen Möglichkeiten. Es zählt ein größtmöglicher gemeinsamer Nutzen, der die organische Welt ins Zentrum der menschlichen Handlung stellt. Ganz exakt: es zählt die Aufrechterhaltung einer Kontrollinstanz, die das zerstörte ökologische Gleichgewicht durch künstliche Eingriffe reorganisiert.

Die Idee der Zivilisation muss noch im 21. Jahrhundert durch die holistische Reform einer energetischen Selbstbeschränkung und Neuausrichtung. Andernfalls geht sie an ihren eigenen Dilemma zugrunde: einem menschlichen Individuum, dessen biologisches Programm bestärkt wird durch eine Kognition der organischen Separation und daher nicht domestiziert werden kann. Es spielt keine Rolle mehr, welche ideologische Ausrichtung menschliche Gesellschaftssysteme propagieren, ihre kollektive Zugehörigkeit zur organischen Welt fordert eine menschliche Identität, die sich ‚unbedingt' an den existentiellen Wirklichkeiten ihrer organischen Grundbedingungen ausrichtet.

Die Fähigkeit zu unumschränkter Kooperation und Solidarität zwischen Menschen und zwischen Mensch und Natur ist essentieller Bestandteil einer bevorstehenden globalen Zivilisation. Ihr Zwang wird das individuelle Talent sowie das menschliche Opfer der Nationalstaaten verdrängen. Der Preis der Selbsterhaltung ist ein uniformes Gepräge, das durch eine totalitäre Technokratie zwar energetisches Fehlverhalten unterbindet, aber dafür keine Originalität mehr erlaubt. Der Schritt von individueller Selbstbestimmung zu kollektiv organisierter Fremdbestimmung ist bedauerlich, zur Erhaltung zivilisierter Strukturen aber unvermeidlich.

Der Kampf um die menschlichen Grundbedingungen, der sich global längst ausbreitet, ist der Kampf ums Überleben der menschlichen Zivilisation. Es ist der Kampf eines Individualismus, der sich durch organisierte Anarchie (Staaten, Konzerne, exklusive Interessengruppen) persönlich bereichert, gegen einen Kollektivismus, der menschliche Zivilisation an unbedingte Kooperation (gemeinnützige Organisationen, Zivilgesellschaft) bindet.[25]

Dieser Kampf wird nur gewonnen durch ein totalitäres System der energetischen Zuteilung und Beschränkung sowie einer astronomischen Besteuerung für menschliche Verhaltensweisen, die energetische Ineffizienz beinhalten. Kurzum: entweder das organisierte Kollektiv findet einen Weg zur globalen Beschränkung der menschlichen Unvernunft oder die menschliche Zivilisation zerbricht am biologischen Programm eines menschlichen Individuums, das seine kognitiven Fähigkeiten primär zu einer exzessiven Selbsterhaltung missbraucht.

Das Ziel aller menschlichen Zivilisation ist kein Individualismus, der die Freiheit des Einzelnen, das mehrheitlich auf emotionalem Unvermögen gründet, über das Recht einer gemeinschaftlichen Selbsterhaltung stellt. Das Ziel aller menschlichen Zivilisation ist eine Domestizierung des menschlichen Individuums mittels einer energetischer Selbstbeschränkung, die nur gelingen kann durch eine graduelle Reintegration des menschlichen Organismus in die Ökosysteme des Planeten.

Es ist die kollektive Form der größtmöglichen Vernunft, deren der menschliche Organismus fähig ist. Ihr letztes Stadium wird verkörpert durch eine totale Kontrolle der menschlichen Energieproduktion und des Energiekonsums.

Der Sättigungswert der Biosphäre ist von nun an das Richtmaß für jeden Modus an Energie, den sich der menschliche Organismus zunutze macht.

51. Energie ist der immanente Antrieb der Natur. Sie bewirkt, verbindet und sichert universelle Strukturen, aus denen Evolution, physikalische Systeme und letztlich Existenz resultieren. Der menschliche Organismus hat sich im Laufe seiner Evolution und kollektiven Organisation die Wirksamkeit der Energieumwandlung erschlossen und durch seine Technologie immer weiter optimiert. Ihre Nutzung durch die Mechanik hat seine Energieumwandlung erst von der direkten Anwendung seiner Muskelkraft entbunden und die Energieproduktion erleichtert. Dann hat die Automatisierung seine Energieumwandlung, Energieproduktion und seinen Energiekonsum maximiert. Aber die ständige Verfügbarkeit von Energie, der irreversible Modus ihrer Umwandlung, ihre ineffizienten Modi an Produktion und Konsum durch den menschlichen Organismus haben im System Erde zur massiven Zerstörung organischer Grundlagen geführt.

Die unvernünftige Steuerung von Energie führt ins Chaos. Der menschliche Organismus, der seinen Umgang mit Energie nicht an den Erfordernissen der organischen Welt misst, sondern an seiner individuellen Vorteilsnahme, steuert seine energetische Macht in die unfreiwillige Selbstbeschränkung und Selbstselektion.

Die menschliche Ethik muss sich noch im 21. Jahrhundert auf ihr ursprüngliches Wesen, ihren Dienst an und für die Gemeinschaft besinnen. Sie muss sich entscheiden. Entweder für eine individuelle Selbstbestimmung oder für eine kollektive Selbsterhaltung. Beides zusammen ist nicht möglich. Entweder sie bewilligt die energetische Beschränkung des menschlichen Individuums oder sie verfällt spätestens im 22. Jahrhundert einem *Zivilisationsbruch*[27], in der menschliche Individuen (aufs Neue) lokale Terrorregime errichten und über die Verteilung noch verbliebener, energetischer Ressourcen bestimmten.

Das organisierte Kollektiv ist menschliche Bestimmung und Mission. Es gibt keine Alternative, die einen Fortbestand der menschlichen Zivilisation garantiert, außer mittels totaler Kontrolle der menschlichen Nutzung von Energie.

Jede Vermeidung von Verboten bei bestimmten Modi an Energieumwandlung, Energieproduktion und Energiekonsum führt zum Zerreißen zivilisierter Ordnung.

Diese totale Kontrolle wird erreicht auf zwei Wegen. Zum einen durch Beschränkung des menschlichen Individuums. Zum anderen durch kollektive Strukturen, die eine reversible Energieumwandlung umsetzen und somit eine globale Beschränkung des menschlichen Individuum einbeziehen.

Die Wiederherstellung der energetischen Effizienz im System Erde ist die globale Agenda des 21. Jahrhunderts. Sie findet statt durch eine unmerkliche Errichtung künstlicher Barrieren: der exakten Bemessung menschlicher Existenz und ihrer energetischen Aktivität im System Erde.

Wir benötigen keine humanitären Ernährungsprogramme, die bei begrenztem Raum eine menschliche Masse reproduziert, die durch ihre unzivilisierten Denkmuster die existentiellen Grundlagen zerstört. Wir benötigen endlich ein Weltpräventionsprogramm, das (durch Geburtenkontrolle und -beschränkungen) zur Erhaltung gesamtexistentieller Grundlagen eine ökologisch verträgliche Population an menschlichen Organismen reguliert.

Die ansteigende globale Verknappung an Trinkwasser, die eine Stagnation der Nahrungsmittelproduktion zur Folge hat, greift entscheidend in den menschlichen Konsum. Sie zwingt die menschliche Zivilisation zur Errichtung künstlicher Barrieren, die menschliche Reproduktion gezielt kontrolliert.

Die Regulierung einer menschlichen Population, deren täglicher Energiebedarf an Kalorien nicht länger gedeckt werden kann, ist das Ende einer industriell forcierten Massengesellschaft, die ihre eigenen Lebensgrundlagen aufgezehrt hat.

Der Weg der Evolution ist unbekannt. Die biologische Reversibilität macht ihn autonom und nicht berechenbar. Der Weg der Energieumwandlung, der die menschlichen Selbstbezüge verändert, ist es nicht. Die Mensch-Energie-Verbindung ist steuer- und berechenbar. Der Zwang einer kollektiven Reintegration des menschlichen Organismus in die Biosphäre des Planeten beendet nicht nur den menschlichen Individualismus. Sie führt die menschliche Zivilisation in ein totalitäres System der uniformen Gleichschaltung, die Energie exakt zuteilt.

Die globale Digitalisierung wird noch im 21. Jahrhundert jedes menschliche Individuum erfassen und dessen energetische Aktivität systematisch lenken.

Das System der Belohnung und Strafe für das energetische Fehlverhalten des menschlichen Individuums ist der erste Schritt zur energetischen Effizienz.

Es ist die Voraussetzung zum Fortbestand der menschlichen Zivilisation, die den Zwängen der organischen Welt endlich nachgibt. Die menschliche Population des 22. Jahrhunderts wird sich daher auf ihre ökologische Verträglichkeit begrenzen und drastisch verringern.

Hier, im numerischen und normierten Weltkollektiv, endet auch der zum gegenwärtigen Zeitpunkt absehbare Verlauf von menschlicher Zivilisation. Dass ein numerisches und normiertes Weltkollektiv ebenso wenig von Dauer ist, wie jede andere oder vorherige Gesellschaftsform, versteht sich aus der Dynamik jeder Zivilisation, die zu Strukturwandel führt - die Verschiebung gesellschaftlicher Spannungsfelder erzeugt einen mehrheitlichen Wahrnehmungswandel existentieller Fundamente.

Das Patronat, das jedes rigide System begleitet und systemkritische Innovation behindert, kann nicht auf Dauer eine totale Kontrolle sämtlicher Individuen verüben. Der Raum, verändert durch Zeit, nimmt stets Einfluss aufs Individuum. Die Begegnung von Individuum und Zeit verändert durch die fortschreitende Bewegung und Eigendynamik der Natur daher die kollektive Selbstwahrnehmung im Raum.

Zeitgeist hat eine innere Uhr, die immer zum ungeahnten Zeitpunkt die Geister des Zufalls weckt. Die Zweifel entstehen in den eigenen Reihen, geweckt von unberechenbaren Zufällen, die gegen jeden Zugriff von Kontrolle das unbeachtete Detail zur Kettenreaktion führen.

Es ist daher nie das Verhalten der Gruppe oder Masse, die es zu analysieren gilt. Es ist immer der Einzelne innerhalb der Gruppe, der die Idee des Einzelnen durch die Gruppe oder Masse transportiert und dort vervielfältigt.

Der kreative und originäre Impuls des Individuums, der für die Gemeinschaft denkt und dort bei Zeiten seinen Widerhall findet, bewirkt gesellschaftliche Reform und ergänzt Zivilisation um zuvor unbeachtete Details.

52. Jedes menschliche Individuum ist Produkt und Teil der Natur. Es ist mehr als die Summe seiner physischen und metaphysischen Teile. Und wie die Natur selbst kann dieses Individuum, trotz aller wissenschaftlichen Forschung, Erziehung, Reflexion und Reform daher nie endgültig ergründet oder berechnet werden. Seine Emotionen, Motive und Verhalten sind und bleiben ein Mysterium - wie die Natur, deren offenkundige Einheit sich jeder reduktionistischen Analyse entzieht.

Wir fragen stets: Warum handelt ein bestimmtes menschliches Individuum, wie es handelt? Aber wir finden keine plausible Antwort, erkennen nur ein irrationales Verhalten. Wir vergessen das Unverständliche: das undenkbare Motiv für jede irrationale Handlung oder jedes irrationales Verhalten liegt allein in der schlichten Fähigkeit zu dessen praktischer Umsetzung.

Dieses bestimmte Individuum handelt, wie es handelt, da es in der Lage ist in dieser bestimmten Weise zu handeln.

Die archaischen Verhaltensmuster des Menschen sind unabänderlicher Informationsteil seiner Genetik und daher Teil seiner Gestalt. Sie lassen sich durch erzwungene Vernunft zwar partiell kompensieren, aber nicht gänzlich korrigieren. Das menschliche Unterbewusstsein ist und bleibt so unfassbar wie Herkunft, Funktion und Ziel von Natur.

AUSBLICK

■ PHYSISCHE AUFLAGEN

Das duale Konzept.
Die Dominanz der Gravitation bindet den Verstand an die Beachtung physischer Auflagen. Wer das körpereigene Kippmoment überschreitet, verliert das Gleichgewicht und stürzt zu Boden. Das Gleichgewicht ist die physische Auflage, die den stehenden Körper aufrecht hält.

Physik ist die Lehre des Physischen und formuliert die Regeln der Physis. Folglich formuliert sie die kausalen Regeln sämtlicher Materie im Mikro-Makrokosmos sämtlicher Subsysteme. Diese Regeln sind der Modus der Informationsverschränkung, der durch bestehende Naturgesetze ersichtlich wird.

Die menschliche Beobachtung und Erfahrung der Natur liefert empirische Informationen über Ursache und Wirkung von Größen, Kräften und Phänomenen.

Die Beobachtung der Natur ist stets metaphysisch, ihre Erfahrung indes ist stets physisch. Metaphysische Beobachtung bietet daher lediglich das Experiment des Möglichen, während physische Erfahrung das Ergebnis des Notwendigen aufzeigt. Sie ist die theoretische Erkenntnis der Wechselwirkung von Energie und Materie, die jedes Systemverhalten in Abhängigkeit zu bestehenden Naturgesetzen stellt und determiniert.

Was wir Naturgesetze nennen, sind nichts anderes als physisch verifizierte Verhaltensweisen, die immer und überall Gültigkeit besitzen. Ihre Gültigkeit ist begründet in der Kausalität von Ursache und Wirkung.

Das Verhalten eines Steines verändert sich nicht. Es ist festgeschrieben in seinem Systemverhalten. Ein Stein, der in die Luft geworfen wird, fällt wieder zu Boden.

Dieses Beispiel für Systemverhalten, das Kraft in Abhängigkeit zu Trägheit stellt, lässt sich auf sämtliche Abläufe der Natur anwenden. Systemverhalten ist Kausalität.

Physik und Metaphysik sind voneinander abhängig. Die Voraussetzung für Metaphysik ist Materie in ihren sämtlichen Kausalitäten. Die Voraussetzung für Physik ist die Informationsverschränkung in ihren sämtlichen Kausalitäten.

Jede metaphysische Nichtbeachtung von physischer Information, die das physische Wirken beeinträchtigt, beeinträchtigt daher auch die metaphysische Möglichkeit zur korrekten Aufführung physischer und somit metaphysischer Programme.

Das einheitliche Ziel binärer Systeme ist Evolution in all ihren Facetten, gleichwohl kosmisch wie organisch. Anders formuliert: das zentrale Programm der Natur ist Evolution.

Evolution ist ein metaphysisches Programm, dessen Gelingen an einer korrekten Informationsverarbeitung der Physik hängt. Konkret: *das Ziel der Natur ist die Informationsexpansion. Diese Informationsexpansion ist Physik durch Umsetzung von Metaphysik. Das Projekt der menschlichen Evolution ist Zivilisation.*
Diese Zivilisation erfordert zu ihrem langfristigen Bestehen vom menschlichen Denken exakt den umgekehrten Weg.
Zivilisation ist Metaphysik durch Umsetzung von Physik.

Der Raum, den Metaphysik im menschlichen Denken einnimmt oder einnehmen sollte, ist hierbei die Reflexion physischer Erfahrung mittels der objektiven Erkenntnisse von Physik. Es ist der holistische Gedanke, der sich autonom von Materie bewegt, um sich hieraus materiell empirisch zu erfassen und zu bestätigen. Was wir das Selbst nennen, ist nichts anderes als das Ergebnis dieser Bestätigung durch physische Erfahrung. Auch hier misst Praxis die Theorie. Das Verhalten von Materie ist stets der Maßstab für physisches Verhalten. Ein physisches Verhalten, das metaphysischer Vorstellung gehorcht, aber physische Erfahrung ignoriert, kann nicht bestehen.

Die Verantwortung jeder Metaphysik liegt somit in ihrer Verantwortung gegenüber den physischen Gesetzmäßigkeiten, die ihr zugrunde liegen. Der Lernprozess, den Physik der Metaphysik vorgibt, liegt im Verhaltenskontext sämtlicher Materie.

Ein Papierdrachen kann im Wind nur aufsteigen und fliegen, wenn seine Konstruktion den gegebenen Windbedingungen Rechnung trägt. Das heißt Form und Material synthetischer Konstruktion müssen sich den übergeordneten und nicht-synthetischen Systemregeln von Materie anpassen.

Materie den Vorstellungen von Form und Material synthetischer Konstruktion anzupassen, ist ein Ding der Unmöglichkeit. Eine Metaphysik, die physische Auflagen missachtet, scheitert an den Systemregeln von Materie, die Form und Material jeder synthetischen Konstruktion durch die Praxis stets festlegen und als tauglich oder untauglich befinden.

■

Die Essenz einer reflektierten Pragmatik.
Physik ist so wenig denkbar ohne Metaphysik, wie Metaphysik nur gangbar durch Beachtung von Physik. Der menschliche Geist kommt nicht ungeschoren vorbei an der physischen Erfahrung. Sein Verhalten, dass sich ausschließlich physisch äußert, unterliegt folglich dem Verhaltenskontext sämtlicher Materie. Mit anderen Worten: jedes menschliche Verhalten ist Ursache für eine physische Wirkung, die sich selbst zugrunde liegt. Der in die Luft geworfene Stein wird sein Systemverhalten nicht verändern. Ganz gleich mit welcher Kraft er in die Luft geworfen wird, er kann durch seine Trägheit nur wieder zu Boden fallen. Die Erkenntnis dieser physischen Erfahrung findet zwar praktische Anwendung, indem sie synthetische Papierdrachen konstruiert. Aber sie ignoriert noch immer die gegebenen Systemregeln. Der Papierdrachen kann nur aufsteigen und fliegen, solange hierfür günstige Windbedingungen herrschen.
Die korrekte Umsetzung von physischer Erfahrung mittels der Kausalität von Energie und Materie ist die korrekte Umsetzung von Metaphysik mittels Technologie. Erst hier wird die Gestalt von Information durch konkrete Beachtung der Erfordernisse von evolutionärer Effizienz zur vorgeschriebenen Umsetzung von Information in Gestalt.
Jede Abweichung von diesem Weg, die sich stets in menschlichem Fehlverhalten gegenüber der organische Welt ausdrückt, führt über kurz oder lang ins sichere Chaos.
Natur formuliert für den menschliche Faktor keine Alternative zu metaphysischer Selbstbetrachtung. Der Modus seiner Kognition und deren zwangsläufige Strategien können nicht abrupt und folgenlos rückgängig gemacht werden. Sie können im Lau-

fe der Zeit, aufgrund der physischen Rückschläge durch kognitive Fehlinterpretation, nur zur korrekten Umsetzung physischer Erfahrung finden.

Das Projekt Zivilisation ist alternativlos, da progressiv. Es ist deshalb progressiv, da die menschenspezifische, kognitive Separation von Individuum und Natur das Erlebnis der Selbst- und Fremdbeobachtung erzwingt. Exakt dieses individuelle Erlebnis führt durch kollektive Interaktion zur generellen Konfrontation zwischen archaischen Verhaltensmustern und vernunftorientierten Möglichkeiten.

Die Selbstentdeckung jeder kollektiven Interaktion besteht in der Gewissheit, dass das menschliche Tier zwar konditioniert, aber nie domestiziert werden kann. Das Zurückdrängen archaischer Verhaltensmuster, die durch ihre obligatorische Fremdschädigung automatisch zur Selbstschädigung führt, ist der aktive Selbstschutz einer kollektiven Interaktion, die ausschließlich durch vernunftorientierte Möglichkeiten besteht. Jede individuelle Selbsterhaltung kann sich ‚im Sinne vernunftorientierter Möglichkeiten' nur im Rahmen der Fremderhaltung von Artgenossen begreifen.

Das eigene Wohl, das sich im Wohl der Gemeinschaft ausdrückt, bedarf daher der Beschränkung eines menschlichen Individuums, das seine archaischen Muster nicht freiwillig ablegen kann. Diese Erkenntnis einer langwierigen kollektiven Interaktion bildet die Basis menschlicher Zivilisation.

Aber das menschliche Tier, das Teil der organisierten Strukturen von Zivilisation ist, akzeptiert keine physischen Auflagen. Die archaischen Muster des Individuums orientieren sich stets an metaphysischen Vorstellungen. Also nutzt es die kollektive Interaktion zu persönlicher Vorteilsnahme, betreibt eine rigorose Ausbeutung natürlicher Ressourcen und schädigt die kollektiven Grundlagen. Das globale Kapitalsystem, seine neoliberalistischen Praktiken und der anarchistische Individualismus seiner Massengesellschaften zeichnen ein eindrückliches Bild von der Wirksamkeit archaischer Muster, die sich skrupellos an kollektiven Strukturen bedienen.

Somit sind jene organisierten Strukturen, die Ausbeutung betreiben und Zivilisation generieren, zugleich die Ursache der

Zerstörung zivilisierter Werte, Gemeinschaften, Ökosysteme und letztlich von Zivilisation selbst.

Man beachte hier die Schlüsselfunktion von Technologie, die das Paradigma der menschenspezifischen, kognitiven Separation bildet. Zum einen ist sie das Hauptwerkzeug einer menschlichen Zivilisation, die sich vernunftorientierte Möglichkeiten zu Nutze macht. Zum anderen verdeutlicht ihr Missbrauch mittels archaischer Verhaltensmuster den ständigen Ritt auf einer selektiven Rasierklinge.

Das menschliche Tier lässt sich nicht binnen weniger Jahrhunderte domestizieren. Seine genetische Ausrichtung kann nicht Schritt halten mit der rasanten Verhaltenskorrektur, die Zivilisation einfordert. Also stellt es seine individuelle Selbsterhaltung und metaphysische Vorstellung zwangsläufig über die zivilisatorischen Erfordernisse kollektiver Fremderhaltung und physischer Auflagen. Das menschliche Tier kann und muss letztlich durch eine gezielte und fundamentale Gesetzgebung physischer Auflagen vor sich selbst geschützt werden.

(Das Individuum ist ohne Kooperation nicht überlebensfähig und braucht die Gruppe. Es ist das ‚Zünglein an der Waage‘, dass durch sein Verhalten im Verbund über Erfolg oder Misserfolg des gesamten Systems entscheidet.)

Physik ist Praxis und als solche die Unendlichkeitsperspektive von dokumentierter Wirklichkeit. Sie projiziert sich daher voraus auf eine Theorie, die sich stets an sämtlichen Perspektiven ihrer vorgefundenen Praxis messen muss.

Das Projekt Zivilisation steht und fällt mit der kollektiven Anpassung seiner metaphysischen Vorstellung an die Erfahrung seiner physischen Auflagen. Je mehr physische Informationen uns zur Verfügung stehen, umso größer ist zum gegenwärtigen Zeitpunkt die Gefahr, die aus unvollständiger oder ignoranter Informationsverarbeitung zu einer inkorrekten Systembildung führt. Gleichzeitig erhöht die verfügbare Menge an Informationen aber auch die Wahrscheinlichkeit zur zweckmäßigen Anwendung metaphysischer Selbstbetrachtung - falls die etwaigen Fehlschlüsse aus physischer Erfahrung nicht zu schwerwiegendem Informationsverlust führen ... Aber das ist noch nicht raus. Erst der letzte Organismus löscht das Licht.

Die Semantik einer unreflektierten Pragmatik.
Die Wechselwirkungen von Energie und Materie formulieren für terrestrische Systeme ganz spezifische Bedingungen.

Eine irreversible Energieumwandlung mittels eingelagerter oder latenter Energieträger erzeugt in terrestrischen Systemen einen zirkulären Kopplungseffekt zwischen Produktion, Konsum und Reproduktion. Je effektiver dieser Kopplungseffekt, umso geringer die Effektivität einer reversiblen Energieumwandlung (Inversion), die terrestrische Selbststeuerung an Energieeffizienz bindet.

Evolution ist das Produkt terrestrischer Selbststeuerung durch Energieeffizienz. Eine synthetisch hervorgerufene Energieineffizienz wirkt terrestrischer Selbststeuerung entgegen und führt zum regressiven Eingriff in biologische Evolution.

Dieser regressive Eingriff in biologische Evolution beginnt mit der finalen Auswirkung von irreversibler Energieumwandlung: der organischen Reproduktion. Eine stetig ansteigende organische Reproduktion vermindert zunächst die Wirksamkeit der Inversion, indem sie Energieproduktion und Energiekonsum steigert. Da beide aber auf einer irreversiblen Energieumwandlung beruhen, die eine Wirksamkeit der Revolution übersteigt, erhöht sie de facto die Inversion. Denn die Energieeffizienz terrestrischer Systems koppelt biologische Evolution an Energieerhaltung durch Zeitinvarianz.

Die Selbststeuerung terrestrischer Systeme ist in ihrer erfolgreichen Revolution durch reversible Energieumwandlung (zeitliche Inversion) programmiert auf biologische Evolution.

Um die Möglichkeit dieser Evolution zu erhalten, selektiert die Selbststeuerung sämtliche Faktoren einer synthetisch hervorgerufenen Energieineffizienz, die zum Ungleichgewicht zwischen Revolution (solarterrestrischer Information) und Inversion (reversibler Energieumwandlung) führen.

■ DOKUMENT UND POTENTIAL

Grundsätzliches.
Der Körper der Natur besteht durch temporäre Strukturen, die beständig Gestaltinformation transformieren. Das temporale Gerüst des Körpers und seine Gesetzmäßigkeiten bleiben, aber der Körper verändert sich stetig. Er verändert sich stetig durch eine kontinuierlich veränderte Faktenlage von Information.

Temporäre Ereignisse in Gestalt bestehen allesamt durch gegenwärtige Information. Die ‚Gewichtung von Ereignissen' ist ihr Erwartungswert als zukünftiges Potential. Diese Gewichtung richtet sich nach der Menge an gegenwärtiger Information, die zur Aufwendung temporaler Ereignisse benötigt wird. Die ‚Gewichtung von dokumentierten Ereignissen' wird ausgedrückt durch den Wirkungsgrad dokumentierter Ereignisse auf einen Attraktor, der formal-mögliche Ereignisse betrachtet.

Dokumentierte Ereignisse lassen sich einteilen in Klassen:
a) *Temporale Ereignisklassen*
b) *Individuelle Ereignisklassen*
c) *Numerische Ereignisklassen.*

Zu a) Temporale Ereignisklassen setzten sich zusammen aus stetigen Ereignismustern (das Zusammenwirken möglichst vieler Objekte), die hohen Informationsgehalt bündeln. Ereignismenge und und Periodizität dominieren. (Nachts Regen, tagsüber Sonne).

Zu b) Individuelle Ereignisklassen sind unstete Abweichungen von temporalen Ereignisklassen. Wir bezeichnen sie auch als labile Ausreißer temporaler oder numerischer Ereignisklassen. Ihr Informationsgehalt ist für das Potential einer Gesamtstruktur eher zu vernachlässigen. (Tagsüber einzelne Wassertropfen, morgens und abends starke Sonnenstahlen).

Zu c) Numerische Ereignisklassen beschreiben das statistisch gehäufte Auftreten von Ereignissen, die keine stetigen Ereignismuster aufweisen (das Zusammenwirken möglichst vieler Objekte) und daher keinen hohen Informationsgehalt bündeln. Ihre Kontinuität verweist auf keine Kooperation. (Viele Wassertropfen, viele Sonnenstahlen.)

Folglich verfügen temporale Ereignisklassen über den höchsten Wirkungsgrad auf einen Attraktor. Sie sind formale Fakten, die Wahrscheinlichkeiten und deren Erwartungswerte stark beeinflussen. Die Untermenge des Phasenraums, sprich der Attraktor, enthält mögliche Ereigniswerte (theoretische Platzhalter) für zukünftige Struktur. Bei hohem Erwartungswert nähert er sich hierbei der potentiellen Information, sprich der dokumentierten Amplitude, die durch temporale Ereignisklassen im Informationskanal hinterlegt worden ist. Die möglichen Ereigniswerte für zukünftige Struktur nutzen nun dokumentierte Information. Sie übernehmen also Ereigniswerte der temporalen Ereignisklassen von vergangener Struktur.

Dazu: Wenn Ereignis X unter den Bedingungen Y kontinuierlich auftritt, steigt die Wahrscheinlichkeit, dass X von Y kontinuierlich produziert wird. Zugleich nimmt unter den Bedingungen Y die Wahrscheinlichkeit für die Zufallsvariable Z proportional zur Häufigkeit (Bestätigung) von Ereignis X ab.

Erwartungswerte sind Bestätigungen identischer Frequenz.
Je länger eine identische Frequenz, umso größer ihr zugehöriger Erwartungswert. Die Länge oder Reproduzierbarkeit einer identischen Frequenz ist abhängig von der Ereignismenge, die sie bündelt. (Es gilt: Je mehr temporale Ereignisklassen identischen Frequenzen zugrunde liegen, umso differenzierter lassen sich aus ihren Erwartungswerten Details formulieren, die sich mit den Anfangs- und Randbedingungen jener Frequenzen decken.

Zugleich gilt der umgekehrte Weg: Da sich aus kontinuierlicher Reproduzierbarkeit von identischen Frequenzen mehr und mehr Details für bestimmte Ereignisse und deren Umgebung (ihre temporalen Ereignisklassen) formulieren (oder rekonstruieren) lassen, steigen Erwartungswerte.

Potentiale sind Möglichkeiten zur strukturellen Gestaltung von Zukunft. Gestaltung von Zukunft meint hier eine Dokumentation von Vergangenheit. Ihr Zweck ist die Generierung von potentieller Information, aus der temporäre Struktur hervorgeht. Je größer ein bestimmtes Potential, das aus temporalen Ereignisklassen hervorgeht, umso wahrscheinlicher eine Zukunft, die jenes bestimmte Potential ausdrückt.

Potentiale entstehen aus Fakten. Erst die Fähigkeit Dokumente bzw. Fakten als ‚Potential von Vergangenheit' zu klassifizieren, ermöglicht Zukunft und zukünftige Ereignisse.

Relativ wenige temporale Ereignisse in einer durch Zeitpunkt X und Y markierten Vergangenheit deuten folglich auf relativ wenig potentielle Information. Entsprechend deuten sie somit auf relativ wenige temporale Ereignisse in einer durch Zeitpunkt Y und Z markierten Zukunft.

Dokument und Potential sind in ihrem Informationsgehalt symmetrisch. Ist die Symmetrie ein Dokument, ist seine Erhaltungsgröße ein Potential, das primär den dokumentierten Informationsgehalt durch eine möglichst effizientere Informationsverarbeitung reproduziert. Dokument ist Potential. Nur das Unwiederbringliche bringt das Unwiederbringliche in Gang.

Nur was temporär wirkt, kann temporal bestehen.

Allgemein: Die Klassifizierung von Vergangenheit als Faktum ist die Grundbedingung zur Klassifizierung von Zukunft als Potential. Vergangenheit ist ein Dokument von faktischen Ereignissen. Je mehr Dokumente über faktische Ereignisse vorliegen, umso leichter lassen sich:

a) *Vergangenheit fiktiv rekonstruieren (z.B. Simulation)*
b) *Gemeinsamkeiten auslesen (z.B. Regressionsanalyse)*
c) *Statistische Häufigkeiten erstellen (z.B. Reproduzierbarkeit)*
d) *Durch Häufigkeiten Erwartungswerte fixieren (z.B. Prognose)*
e) *Durch EW einen <u>futuristischen Attraktor</u> festlegen.*

Uns interessieren hier die Beziehung zwischen dem futuristischem Attraktor und dem Erwartungswert für ein bestimmtes Ereignis. Wir nennen es Ereignis n.

Zunächst: Die Aktivierung des Attraktors für Ereignis n ist abhängig von mehreren Faktoren:

a) *Vom Erwartungswert*
b) *Der aktuell verfügbarer Information im Informationskanal*
c) *Der Wahrscheinlichkeiten für Alternativen.*

Hypothese zu a) Der Erwartungswert ist das alternativlose Argument für Attraktion. Bei einem Erwartungswert von $n>0,5$ wird n ausgeführt. Erwartung kann mehrheitlich nicht ambivalent sein, wenn sie vorhandene Attraktion zum Ereignis n führen will. Bei einem Erwartungswert $n<0,5$ entscheidet nicht nur der Erwartungswert über n, sondern die aktuell verfügbare Information im Informationskanal.

Hypothese zu b) Aktuell verfügbare Information ist ein starkes Argument. Sie beschreibt die Menge an bislang nicht-dokumentierter Information, die im lokalen Informationskanal noch zur Verfügung steht. *(Wir kommen später noch zum Informationskanal).*

AvI ist Information, die bei vergangenem Ereignis nicht verarbeitet wurde. Allgemein: AvI ist Zukunft mit hohem Potential, die aber aktuell noch nicht ausgeführt wurde. Sie ist verantwortlich für spontanes Ereignis oder spontane Strukturbildung und kann dem EW von $n<0,5$ gegensteuern. Ob sie den EW verstärkt und Ereignis n dem Attraktor zuführt, hängt wiederum ab von den Wahrscheinlichkeiten für Alternativen.

Zu c) Die Wahrscheinlichkeiten für Alternativen sind das schwächste Argument für oder gegen eine Attraktion von n. Sie sind Argumente, die bei einem EW von $n<0,5$ und zu geringer AvI für ein spontanes Ereignis die Attraktion formal-möglicher Ereignisse übernimmt. Die WfA kommt nicht über statistische Häufigkeiten hinaus. Sie bietet dem Attraktor daher nur den Mittelwert der Gesamtheit aktuell dokumentierter Ereignisse. Die Alternative, die diesem Mittelwert eine maximale Wahrscheinlichkeit zuordnet, ist also plump gesprochen retardiertes Ereignis, das bei schwachem EW und geringer AvI die Ereignisträgheit von geringer Gestaltinformation erklärt.

Es gilt die allgemeine Reziprozität zwischen Vergangenheit und Zukunft: Wo wenig Dokument ist auch wenig Potential, sowie umgekehrt. Ereignisse mit lokal hohem Informationsgehalt sind durch ihre Detailfülle und semantische Dichte ausgezeichnetes Material zur Dokumentation. Da das temporale Zusammenwirken möglichst vieler Objekte Amplituden erzeugt, wird es vom lokalen Informationskanal eindeutig registriert.

Wir versuchen nun die Vorgänge und möglichen Konsequenzen zwischen Dokument und Potential in einfacher Weise zu rekonstruieren:

Ereignisse sind irreversible Fakten, die sich temporal nicht zurückholen lassen. Sie trennen Vergangenheit von Zukunft.

Ereignisfakten lassen sich daher zusammenfassen als Dokumente von Ereigniswerten, die Entropie beschreiben. Entropie, die an einem lokalen Informationskanal gemessen wird, ist ein Potential für künftige Ereignisse.

Ein Kanal ist eine geschlossene Transportvorrichtung für Materialen, die durch einen oder mehrere Eingänge geschickt wird und durch einen oder mehreren Ausgängen wieder heraustritt. Wenn also Entropie ein Potential für künftige Ereignisse ist und in diesen Kanal geschickt wird, kann aus diesem Kanal auch nur heraustreten, was Entropie ebenso zugrunde liegt wie ihr nachfolgt: Evolution.

Die Irreversibilität vergangener Ereignisse wird hier temporal zurückgesetzt. Sie wird zur möglichen Reversibilität für zukünftige Ereignisse. Hohe Entropie wird durch extreme Energiemengen zu niedriger Entropie.

Hypothese: Lokale Strukturen erfordern zu ihrer Umsetzung extreme Energiemengen. Ereignisse, die dort stattfinden, verursachen durch ihre Entropie (die thermische Bewegung von Teilchen) gravitative Änderungen.

Wenn wir temporale Ereignisklassen und ihre Irreversibilität als formale Voraussetzung für Dokument auffassen, dann ist der messbare Inhalt von Dokument tatsächlich Entropie. Gehen wir von den Tatsachen der Entropie aus, dann bewirken temporale EK in der Gesamtheit ihrer Ereigniswerte (Kinetik, Masse, Energie) periodische Längenänderungen lokaler Gravitationswellen. Wir vermuten entropische Teilchen, die sich ans Graviton hängen. Die Theorie einer *Entropischen Gravitation*[28] geht exakt in diese Richtung. Im Umkehrschluss: Gravitationswellen sind Träger sämtlicher EK, werden in ihrem Verhalten aber vorwiegend von temporalen EK beeinflusst. Die Entropie von TEK wirkt nun durch eine veränderte Phasenlage von Gravitationswellen auf den lokalen Informationskanal und wird dort durch Schwingungsmessung analysiert.

Eine gleichmäßige Phasenlage erzeugt in der Signalauswertung das optimale Ergebnis für potentielle Information und Erwartungswerte. Eine ungleichmäßige Phasenlage mit zu extremen Amplituden hingegen kann nur erschwert oder gar nicht ausgewertet werden. Es erzeugt nur ein mangelhaftes Ergebnis und vermindert potentielle Information und Erwartungswerte.

Je harmonischer die entropisch-gravitative Phase, umso präziser und detaillierter ihre Messung. Die Trägheit von lokaler

Struktur sei hierbei der Gleichwert[29] der Schwingung, die Schwingung der Ereigniswert periodisch auftretender Entropie. Die Knoten (0) seien Punkte konstanter Dokumentation, sprich der Übertragung der gemessenen Ereigniswerte vom lokalen Informationskanal in den lokalen Datenspeicher.

Konkret: Temporale Ereignisklassen verursachen durch ihre Periodizität Amplituden, die im lokalen Informationskanal gemessen werden. Eine gleichmäßige Phasenlage von Entropie ist höchste Periodizität und das ideale Dokument für Potential. Die zufällige Menge an individuellen und numerischen EK, die sich hier überschneiden und daher ebenfalls gemessen werden, sind ein erwünschter Nebeneffekt, der zusätzliches Material liefert, um mögliche Anfangs- und Randbedingungen für zukünftige Ereignisse exakter zu bestimmten. Die eigentliche Dokumentation der temporalen EK finde statt an den jeweiligen Knoten (0) der Phasen. Hier erfolge die Dokumentation der Ereigniswerte bzw. Fakten, die vom Informationskanal in den lokalen Datenspeicher übertragen werden. Da die Periodizität temporaler EK mit Zunahme von Entropie nicht mehr konstant und eindeutig übertragen wird, verflachen Amplituden. Die Messwerte der Schwingungen werden unstetig und nähern sich im Zeitverlauf den Phasenknoten (0). Da die Ereigniswerte ausbleiben, zieht sich der Attraktor zurück.

Die Ereignisfakten, die vom lokalen Informationskanal dokumentiert werden, sind immer Vergangenheit und zugleich mögliche Zukunft. Das Ende von Gegenwart und das Ende von gegenwärtig verfügbarer Information durch maximale Entropie ist somit immer der Beginn (Wiederholung) von Gegenwart durch den Beginn potentieller Information mit minimaler Entropie. Das Ende von gegenwärtig verfügbarer Information ist auch der Beginn derselben, ganz gleich ob sich Erwartungswerte erfüllen oder nicht. Kommunikation erfordert stets Struktur. Man kann daher zurecht behaupten: Vergangenheit wird hier reversibel. Sie wird zugleich umso wahrscheinlicher reversibel in Form identischer oder effizienterer Struktur, je detaillierter das Dokument, das den Erwartungswert definiert und hiermit den Attraktor für zukünftige temporale EK beeinflusst.

Wir fragen nun: Was sind der lokale Informationskanal und der lokale Datenspeicher? Hierfür müssen wir zunächst fragen: Was ist die Voraussetzung für beider Wirksamkeit?

Die Gestalt von Information ist nur möglich, wenn Information durch Gestalt auch kommunizieren kann. Also müssen lokale Informationskanäle und lokale Datenspeicher Teil der physischen Struktur sein, mit der sie durch Signale in Wechselwirkung stehen. Wenn lokale Informationskanäle und Datenspeicher tatsächlich Teil der jeweiligen Struktur sind, die sie generieren, welche Koordinaten sind dann möglich oder wahrscheinlich? Es können nur Koordinaten in Frage kommen, die zur Messung und Dokumentation von Entropie eine Gesamtheit lokaler Struktur gleichermaßen erfassen. Sie müssen daher zentral positioniert sein. Schwarze Löcher?

Falls der Ereignishorizont eines Schwarzen Lochs den lokalen Informationskanal vorstellt, dann kann das Loch selbst nur als Datenspeicher fungieren. Die Entropie spricht dafür.

Ein Ereignishorizont sei hier ein Messgerät für Vergangenheit, ein Schwarze Loch ein Zeichenvorrat für Informationseinheiten. Die gespeicherte Zeichenmenge entspreche der Menge an lokaler Erfahrung und Möglichkeit. Sie sei ein Indikator für formal-mögliche Ereignisse und lasse sich beschreiben als den Wissensstand ihrer binärer Information über ihre Autoinformation. Der temporale Rückweg zur Unität von binärer Information zu Autoinformation verlaufe nun über die Beschreibung sämtlicher Alternativen, die eine kleinstmögliche Informationseinheit (Entscheidung zwischen zwei Möglichkeiten) zur Verfügung stellt. Wenn dem so ist, dann erfolgt diese Beschreibung ausnahmslos durch Ereignis, der variablen Darstellung von Struktur. Metaphysisch ausgedrückt:

Der gespeicherte Zeichenvorrat ist das, was Natur auf der lokalen Zeitkoordinate über ihre eigenen Zeichen und somit sich selbst bislang gelernt hat. Erfahrung erleichtert Entscheidung und erhöht hiermit Effizienz.

Je mehr Natur nun über ihre ursächliche Zeichen herausfindet, umso mehr Alternativen (Informationseinheiten) kann sie durch Ereignis auch effizient abbilden. Die Fähigkeit von Natur zu struktureller Fulguration, geht folglich zurück auf ihre zunehmende Fähigkeit zur Kombination von Alternativen.

Fazit der Hypothese: Erwartungswerte basieren auf Wahrscheinlichkeiten, Wahrscheinlichkeiten auf Fakten. Man kann daher nichts erwarten, was nicht in gewissem Grade durch Fakten gestützt wird. Das Faktum der Irreversibilität vergangener Ereignisse ist hier die Möglichkeit ihrer Reversibilität durch Zukunft. Den Beweis, wie diese Möglichkeit Faktum wird, liefert Evolution. Gestalt oder lokale Strukturen werden hervorgebracht und analysiert, Ereigniswerte gespeichert. Struktur wird, je nach ihren Messwerten, beibehalten oder zurückgenommen. Sie wird im lokalen Informationskanal ausgetauscht, möglichst effizienter generiert und wieder integriert ins große Ganze: Was wir als Dokumente und Potentiale klassifizieren, ist die Variation von gegenwärtigem Wissen durch Erfahrung.

Eine ‚permanente Ereignis-Gegenwart' ist daher die gesamtheitliche Erfahrung von Möglichkeit: Holistische Evolution gegen lokale Stagnation.

■ NENNUNG, FUNKTION, EREIGNIS

Eine Hypothese zur Gestaltinformation.
Es braucht keine nähere Erklärung zur Dualität von Information. Information ohne Gestalt widerspricht der Funktion von Autoinformation (Gestaltung) und ist fundamental unzweckmäßig. Jede Information im Kosmos ist folglich ausschließlich zweckmäßig durch ihre Verarbeitung in Gestalt. Sie ist Ergebnis des kosmischen Binärcodes und durch ihren Zwang zur Integration in Gestalt automatisch binär.

Die syntaktische und semantische Ebene von Information vergrößern den Informationspool, die pragmatische Ebene enthält die ‚erstmals erfolgreich gestaltete' Autoinformation.

Der identische kosmische Link ist nun jener gemeinsame Teil sämtlicher Information, der jene Autoinformation pragmatisch gestaltet. Da Gestalt aber Informationsverarbeitung voraussetzt, kann der binäre Teil von Information durch strukturelle Beschreibung sämtlicher Alternativen seine eigene Autoinformation nur irgendwann einholen.

‚Das Ungestaltbare' ist hier der binäre Teil von Information, der an seine eigene Autoinformation gekoppelt ist.

Ein unendlich ansteigender Gestaltwandel wäre das unendliche Wachstum einer Informationsmenge, die zugleich als Gestalt verarbeitet werden kann. Dies ist aber unmöglich. Denn Gestalt, gleichwohl sie sich ausdehnt, kann nicht aus einer unendlichen Menge von Information bestehen. Der identische oder kosmische Link kann die ‚erstmals erfolgreiche Autoinformation' nicht dauerhaft gestalten, wenn sich der binäre Teil von Information (trotz potentieller Information) beständig von seiner eigenen Autoinformation distanziert.

Der Ausdruck der Distanz darf durch die Gestaltausdehnung des Kosmos hier bildlich genommen werden. Die zunehmende Größe der Gestalt durch ansteigenden Gestaltwandel ist weniger ein Beweis für die erfolgreiche Informationsverarbeitung einer zunehmenden Informationsmenge. Es ist eher ein Beweis für eine zunehmende Unberechenbarkeit von Gestaltverhalten.

Die Gesamtinformation von Gestalt (und somit das finale Ziel von Gestaltwandel) ist durch die Syntax der Zeichen bereits im Vakuum festgelegt und wird durchs binäre Programm der Evolution ausgeführt. Die Zeichen der Natur erkennen sich selbst durch die Gestalt ihrer Information. Ein Teil dieser Information ist abgebildet durch Gestalt. Der andere Teil ist nicht abgebildet, aber erkennt durch Gestalt ihre Zeichen.

Wir fassen die metaphysisch relevanten Größen und Begriffe zur Informationstheorie abschließend nochmals zusammen.

1. Die *Gestalt* von Natur ist ein Körper, der sich durch die Verarbeitung von Information als Kosmos abbildet. Gestalt ist jener Teil von Natur, der abgebildet wird. Information ist jener Teil von Natur, der Gestalt zugrunde liegt. Da Information ‚von Natur aus' binär ist, enthält jede Information exakt zwei Funktionen. Zum einen überträgt sie die ‚erstmals erfolgreich gestaltete' Einzelinformation konkret in Gestalt. Zum anderen vergrößert sie durch ihre Zugehörigkeit zum Informationspool die Möglichkeit und Veränderung von Gestalt oder Gestaltwandel. Informationsverarbeitung (durch Energie) bildet Gestalt ebenso ab, wie sie

deren Abbildung durch Zugriff auf einen stets größeren Informationspool effizient verändert bzw. vergrößert.

2. Der natürliche Komplex von Gestaltinformation lässt sich vorläufig unterteilen in drei Gruppen: Sie sind Informationssender, Informationsempfänger oder Informationskanäle. Informationssender sind Gestaltbildner. Informationsempfänger sind Gestalt. Informationskanäle sind Fusionsformen aus Sender und Empfänger. Eine physische Definition sämtlicher erforderlicher Gruppen zur Bildung von Gestaltinformation ist unmöglich. Sie kann zum gegenwärtigen Zeitpunkt bestenfalls Objekt metaphysischer Deutung sein. Ihr Mangel an empirischer Information muss es daher bei unvollständigen und diffusen Tendenzen belassen.

3. Sämtliche physikalischen Größen fallen entweder unter die Gruppe der Informationsender, Informationsempfänger oder Informationshybride. Sie bilden Gestalt, sie werden als Gestalt abgebildet oder sie bilden sich ab durch Gestalt.

4. Gestalt ist das **Ereignis**, das unweigerlich eintritt, wenn *Redundanz* vorliegt. Die mehrfache **Nennung** identischer Zeichen, führt automatisch zum Ereignis ihrer semantischen und praktischen **Funktion.** *(Wenn ich über einen Vorrat an identischen Zeichen verfüge, benötige ich exakt ein Zeichen, um den syntaktischen Code für Wasserstoff zu erstellen. Wenn ich diesem Code durch eine zweite Nennung der exakt identischen Zeichen eine semantische Funktion zuordne, dann kann ich den Code für Wasserstoff mit anderen Codes kombinieren. Wenn ich den erstellten und kombinierten Codes dann noch durch eine dritte Nennung der exakt identischen Zeichen eine pragmatische Funktion zuordne, kann ich das Ereignis Wasserstoff samt seiner semantischen Querverbindungen erstellen. Verfüge ich über noch mehr identische Zeichen, kann ich weitere Codes kombinieren und sie durch das Ereignis verknüpfen.)* Die Abfolge des Informationsstroms, der Gestalt bildet, ist festgelegt durch Nennung, Funktion und Ereignis. Aus identischer Nennung wird variable Funktion. Aus variabler Funktion wird neues Ereignis. Dieser Vorgang gilt aus gegenwärtiger Sicht für jede Gruppe an Information, ob Sender, Kanal oder Empfänger.

5. Die Gestalt von Information besteht aus grundlegend unterschiedlichem Informationsgehalt. Ihr Informationsgehalt ergibt sich hierbei aus ihrer hypothetischen Eintrittswahrscheinlichkeit. Je seltener ein Ereignis eintritt, umso höher ist sein Informationsgehalt und umgekehrt. Die Komplexität von jeweiliger Gestalt hängt letztlich ab von der Zufallsvariablen, die jeder Wahrscheinlichkeit eines Ereignisses ihren Informationsgehalt zuordnet.[30] Das Regelwerk der klassischen Statistik soll uns an dieser Stelle aufklären. Je geringer die Wahrscheinlichkeit für ein konkretes Ereignis (z.B. komplexe Gestalt), umso potenter seine informativen Möglichkeiten bei de facto zutreffenden Zufallsvariablen. Dass der Attraktor durch Erwartungswerte beeinflusst wird, haben wir bereits besprochen. Zufall ist bei Strukturbildung also nur insoweit Zufall als keine vollwertigen Fakten oder Dokumente über lokale Vergangenheit zur Verfügung stehen.

6. Was wir *Materie* (*Raum* oder *Masse)* nennen ist gleichermaßen Ereignis für Gestalt wie ein Informationsempfänger. Der einzige Unterschied zwischen Raum und Masse liegt in ihrem Informationsgehalt. Homogene Gestalt besteht durch ihre chemisch-strukturellen Aufbau aus relativ wenig Information. Relativ wenig Information deutet auch auf einen relativ geringen Informationsgehalt. Inhomogene Gestalt besteht durch ihre chemisch-strukturelle Komplexität dagegen aus relativ viel Information. Relativ viel Information deutet auch auf einen relativ hohen Informationsgehalt. Wasserstoff ist Gestalt von kleinstmöglichem Informationsgehalt. Dieser kleinstmögliche Informationsgehalt macht gerade Wasserstoff zum idealen Transportmedium für relativ viel Information oder Information von höherem Gehalt, wie Energie oder Masse. (Beachte: Masse wird abgebildet und ist somit ein Informationsempfänger. Sie wird transportiert oder gelenkt von Energie und Kraft.) Das verstärkte Eintreten von Ereignissen mit geringem Informationsgehalt begünstigt also die hypothetische Wahrscheinlichkeit für das Eintreten von seltenen Ereignissen mit hohem Informationsgehalt.

7. Was wir *Kraft* nennen ist ein Informationssender. Sie ist die Informationskorrektur, die stattfindet durch Informations-

verarbeitung (von Energie) an relativ hohem Informationsgehalt (Masse). Ihre Informationskorrektur umfasst jede Informationseinheit in Gestalt. *(Supersymmetrie)*.

8. Was wir *Energie* nennen ist ein Informationssender. Sie ist die Informationsverarbeitung und wählt immer einen größtmöglich verfügbare Informationsgehalt, um Gestalt effizient zu vergrößern.

9. Was wir *Materie* nennen ist ein Informationsempfänger. Ihre Informationsverarbeitung (durch Energie) ist Gestalt und ständiger Gestaltwandel. Da Informationsverarbeitung durch Energie an Masse stattfindet, verweist die Verfügbarkeit von viel Energie auch auf eine große Menge an potentieller Information, die zu Gestalt verarbeitet werden kann. *(Masse-Energie-Äquivalenz)*.

10. Was wir *Chemie* nennen ist gleichermaßen ein Ereignis von Gestalt wie ein Informationsempfänger. Sie ist das Alphabet von Information, das sich durch Informationsverarbeitung vergrößert und den Informationsgehalt von Zeichen ausdrückt. Ihr Alphabet ist das pragmatische Werkzeug, dass in lokaler Verlaufsrichtung die Komplexität von Gestalt erhöht. Umso seltener ein Zeichen verwendet wird, umso höher ist sein Informationsgehalt. *(Periodensystem der Elemente in der Quantentheorie)*.

11. Informationskanäle lassen sich nur durch konkrete Fusion von Informationssender und Informationsempfänger beschreiben. Solar- oder Schwarzlochmasse (Sterne oder Schwarze Löcher) sind prominente Beispiele für konkrete Fusion von Gestalt (Materie) und Gestaltbildner (Energie). Informationshybride sind sichtbare Abbildung von Information in Gestalt. Information kann nur gezielt auf Gestalt einwirken, wenn sie mittels Gestalt selbst in den Körper der Natur eintritt oder Teil dieses Körpers wird.

12. Was wir *Zeit* nennen ist ein Informationskanal. Sie bildet (durch Entropie) ebenso den ‚Ereignisrahmen' von Gestalt, wie sie sich selbst (durch die Trägheit von Masse und sichtbaren Gestaltwandel von Materie) in Gestalt abbildet. Um bei Gestaltinformation die Funktion von Zeit zu verstehen, müssen wir uns zuerst etwas völlig anderes fragen: Was ist Gedächtnis? Gedächtnis ist das Ansammeln von Informati-

on. Das Ansammeln von Information besitzt nach verein-
heitlichter Denkungsart eine eindeutige Verlaufsrichtung:
von relativ wenig Information zu relativ viel Information.
Wenn Information also eine Maßeinheit für Gestalt ist,
dann ist Zeit eine Maßeinheit für Information. Was sie
hierbei konkret misst, ist immer eine lokal ansteigende
Menge an verfügbarer oder gegenwärtiger Information. Da
Zeit omnipräsent ist, misst sie somit jede lokal ansteigende
Informationsmenge im Kosmos; ganz gleich auf welcher
Evolutionsstufe sich das Ereignis von Gestalt lokal jeweils
befindet, die Komplexität und Größe von Gestalt nehmen
eine eindeutige Verlaufsrichtung. Sie nehmen stetig zu.
Warum? Hierfür müssen wir zunächst wieder fragen: Was
ist die hervorragende Eigenschaft von Gedächtnis? Es ist
Erfahrung. Zeit ist nicht das ‚Gedächtnis von Ereignis, es ist
das ‚Gedächtnis von Erfahrung‘, das Ereignis stets nachfolgt. Ereignis geht Erfahrung zwar stets voraus. Aber ‚das
Wissen gemachter Erfahrung‘ kann stets Einfluss nehmen
auf kommendes Ereignis, das sich zwar unterscheiden mag
von vergangenem Ereignis, aber an ‚irgendeiner Stelle‘ stets
ähnelt. ‚Irgendeine Stelle' beschreibt hier eine ‚wiederholte
Übereinstimmung‘ mit metaphysischer Realität. Das Einzige, was sich immer wiederholt und zugleich homogen abläuft ist Zeit. Daher ist Zeit tatsächlich die einzige Struktur,
auf die Natur baut.

13. Vergangenes lässt sich durch Gedächtnis methodisch analysieren. Die Kausalitäten der Ursache und Wirkung von bestimmten Ereignissen lässt sich abspeichern und unter entsprechenden Bedingungen von lokaler Zukunft rekonstruieren und/oder korrigieren.

14. Ganz konkret: Der Informationskanal Zeit vergrößert sich
durch zunehmende Erfahrung im Umgang mit Information.
Jede Information, die zwischen Sendern und Empfängern
durch diesen Informationskanal wandert, wird von Ereignis
zu Ereignis somit elementar stets funktional effizienter
kommuniziert und verarbeitet.

15. Das Verhalten der Gesamtgestalt spricht für sich selbst. Je
mehr Zeit vergeht, umso größer werden Gestaltinformation
und Gestalt. Zeit misst also nicht nur eine lokal verfügbare

Informationsmenge, sie speichert sie auch. Ein ansteigender Gestaltwandel ist nicht erklärbar ohne Gedächtnis, dass den Informationspool erhält und zugleich vergrößert. Erst ein Gedächtnis, das sowohl immer mehr Information ansammeln, wie weitergeben kann, gewährt eine stets effizientere Informationsverarbeitung. Ohne Gedächtnis keine Evolution, ohne Evolution keine Vergrößerung von Gestalt.

16. Die ständige lokale Zunahme von Information (durch Entropie) ist eine Zäsur, die lokale Vergangenheit von lokaler Zukunft trennt. Zugleich sichert sie potentielle Information durch Energie. Zeit gibt also nicht nur Auskunft über die jeweils verfügbare Menge an Information. Sie markiert für den lokalen Betrachter immer exakt die Schnittstelle von gegenwärtiger und potentieller Information. Tatsächlich ist die verfügbare Menge an Information daher ein Indikator für lokalen Zeitverlauf. Je mehr gegenwärtige Information lokal verarbeitet wird, umso weiter befindet sich der lokale Zeitverlauf in der Vergangenheit. Je mehr potentielle Information verarbeitet wird, umso weiter in der Zukunft. Wenn wir das Alter von Gestalt näher untersuchen, wird deutlich, was hier gemeint ist. Das Alter von Gestalt gibt eindeutig Auskunft über den lokalen Zeitverlauf. Relativ alte Gestalt enthält relativ wenig Information, relativ junge Gestalt relativ viel Information. Relativ alte Gestalt enthält relativ wenig Information, da ihr Informationspool noch gering ist. Ihrer Verarbeitung im Informationskanal (durch Energie) liegt also noch relativ wenig Information zugrunde. Je mehr gegenwärtige Information im Informationskanal in Gestalt verarbeitet wird, umso weiter in der Vergangenheit bewegt sich also die lokale Verlaufsrichtung von Information. Je mehr potentielle Information dagegen vom Informationspool in den Informationskanal gelangt und (ebenfalls durch Energie) verarbeitet wird, umso weiter in der Zukunft. *(Energieerhaltung durch Zeitinvarianz).*

17. *Zeit ist ein multilokaler Datenspeicher mit stets lokal abweichendem Verlauf bzw. Kapazität.* Wir bezeichnen die maximale Kapazität ihrer lokalen Datenspeicher als maximale Entropie. (Wir erinnern uns: Entropie ist gegenwärtige Information, Evolution dagegen ist potentielle Information.)

Der Informationsgehalt steht in Abhängigkeit zur Entropie. Maximale Entropie kann aus gegenwärtiger Information keinen Gestaltwandel mehr abbilden und muss modifiziert werden. Eine fundamentale Informationsverarbeitung (durch Energie) von gegenwärtiger Information in potentielle Information führt maximale Entropie zurück zu minimaler Entropie, die weiteren Gestaltwandel (Evolution) erlaubt. Der lokale Datenspeicher bewirkt nun exakt die erforderliche Modifikation von Entropie in Evolution. Die Zeit läuft weiter, überall; sie misst und speichert die lokal verfügbare Information, die sich als Gestalt abbildet solange, bis ihre Datenspeicher von Neuem eine maximale Entropie erreichen. Die Ausdehnung von Gestalt durch einen ständigen ‚Zugewinn' an potentieller Information ist zugleich ansteigender Gestaltwandel. *(Evolution.)*

18. Das Dokumentieren ereignisreicher Strukturphasen bzw. periodischer Schwingungen ist Kommunikationsanalyse. Kommunikation ist die Koordinierung von Signalsequenzen, die Gestaltperspektive durch Informationsaspekt erhält. Das Wissen der Erfahrung lässt sich nicht nur maximieren, es gibt seiner Interaktion in Gestaltperspektive auch temporale Dominanz. *Ich kann etwas besser machen, wenn ich es schon mal gemacht oder sogar Routine darin habe.* Je öfter also die Wiederholung temporal-ähnlicher Ereignisklassen, umso größer die Möglichkeiten von strukturellem Ereignis und effizienter Gestaltung: Höhere Komplexität durch mehr Informationseinheiten.

19. Die Erhöhung von Informationseinheiten in Gestaltperspektive ist nicht die Quantifizierung von Informationsaspekten zum Zweck größerer Autonomie und eindimensionaler Gestaltperspektive. Es ist die Quantifizierung von Informationsaspekten zum Zweck einer multidimensionalen Kooperation zwischen Gestaltperspektiven. *Du kannst nur etwas besser machen, wenn du weist, dass selbst das Bestmögliche vom Schlecht-Möglichsten abhängt. Synonym: das Beste bzw. Leistungsstärkste von etwas ist nur so gut, wie das Schlechteste bzw. Leistungsärmste von etwas.* Die Wiederholung von lokalem Ereignis ist Evolution der Informationsgesamtheit, nicht einzelner Informationseinheiten.

20. Vereinfacht: Zeit ist das kosmische Gedächtnis der Identität von Zeichen, die Information bilden, verknüpfen und gestalten. Identität bedeutet hier eine elementare Codierung, Verknüpfung und Gestaltung von Information. Codierung, Verknüpfung und Gestaltung von Information ist das gemeinsame Gedächtnis syntaktischer, semantischer und pragmatischer **Nennung** von Zeichen, die sich im **Ereignis** selbst reflektieren und (anhand ihrer **Funktion**) ihre Identität erkennen.

■

Strömungen von gestaltinformativer Identität.
Gestalt ist eine rekursive Schleife temporaler Ereignisklassen. Ihre pragmatische Rekursion ist die Rekonstruktion ihrer semantischen Ursache. Die Zeichenidentität, die Information und deren Aussage (*bilden, gestalten*) generiert, ist die semantische Ursache einer Information, die sich unterteilt in Autoinformation und Binärinformation. Während die Zeichen ihre Identität in der Autoinformation hinterlegt haben, bildet die Binärinformation diese Identität an lokalen Zeitkoordinaten durch Deduktion (Austesten) pragmatisch ab. Die Autoinformation, die sich selbst nicht abbildet, verbleibt auf der lokalen Zeitkoordinate, bestimmt aber durch Induktion (Herleiten) sämtlicher formalen Möglichkeiten von Ereignis den Ereignisrahmen (temporale Ereignisklassen) der Rekursion.
Die Binärinformation, die zur Abbildung sämtlicher formalen Möglichkeiten von Ereignis die Zeitkoordinate verlassen muss, trennt sich von der Autoinformation und erschafft aus TEK Ereigniswerte. Diese entstandenen Ereigniswerte (Entropie) werden auf lokalen Zeitkoordinaten von der Autoinformation gemessen und dokumentiert. Sie dienen als formales Ereignispotential zukünftiger TEK.
Je mehr Ereignispotential nun auf der lokalen Zeitkoordinate vorhanden ist, umso größer die Chance zur nächsten Integrationsstufe einer binären Semantik.
Die Binärinformation lernt durch den Ereignisrahmen (TEK) der Rekursion von ihrer Autoinformation stets etwas mehr über ihre semantische Ursache.

Da lokale Zeitkoordinaten Fixpunkte der Zeichenidentität sind, strömt die rekursive Schleife temporaler Ereignisklassen permanent um ihre lokalen Koordinaten.

Die Strömungen dieser Schleife lassen sich also deuten als ein kontinuierliches Produkt der Wechselwirkung von temporalen Ereignisfolgen mit ihren lokalen Koordinaten.

Gravitation ist daher eine primäre Ereignistechnik, die zur fortschreitenden Vermittlung der binären Semantik zwischen Zeichenidentität und Information pragmatisch in Ereignis abgebildet wird. Das zunehmende Wissen von Natur über ihre eigene Ursache lässt sich erkennen in der Anwendung neuer Ereignistechnik. Neue Ereignistechnik ist Optimierung von:

a) Adaption,
b) Effizienz,
c) Effektivität.

Das konkrete Ergebnis der Anwendung neuer Ereignistechnik ist Fulguration. Mit jeder Fulguration in Ereignis erreicht die Binärinformation die nächste Integrationsstufe einer binären Semantik. Die Zeichenidentität, hinterlegt in der Autoinformation, wird somit in Ereignis graduell sichtbar. Das Puzzle ihrer Rekonstruktion mittels der Binärinformation erhält ein weiteres Puzzleteil, das von der lokalen Zeitkoordinate genommen und in Ereignis integriert wird.

Was bedeutet das? Es bedeutet, dass die Binärinformation es anhand terrestrischer Systeme geschafft hat, einen Teil der Zeichenidentität direkt in Ereignis zu integrieren. *(Natur bildet nicht mehr nur Ereignis ab. Sie betrachtet nun auch die Möglichkeiten ihrer eigenen Ursache durch eine Gestaltperspektive, die Rückschlüsse auf Ereignisse erlaubt.)*

Was für Information auf einer multilokalen Zeitkoordinate gilt, gilt ebenso für eine gesamtheitliche Zeichenidentität, die Information zugrunde liegt. Anders ausgedrückt: Was für die Aussage von Information (bilden, gestalten) gilt, gilt auch für deren Zeichenidentität (Ursache der Aussage). Je größer das Dokument der Zeichenidentität, das durch binäre Rekonstruktion entsteht, umso größer das Potential, das zukünftiger Natur und Information vorausgeht.

Es ist nicht die temporale Struktur, die wandert. Es ist die rekursive Schleife temporaler Ereignisklassen, die sich als permanente Gestalt in temporärem Ereignis dreht und wiederholt. Die pragmatische Rekursion temporaler Ereignisklassen deutet auf die Rekonstruktion der Zeichenidentität, die eine Trennung von Auto- und Binärinformation zur Folge hat.

Es gibt keine Einheit der Information. Es gibt nur eine Vielheit von Informationseinheiten, die durch ihre Abbildung als Ereignis eine einheitliche Gestalt/Struktur bewirken.

Wir stellen heraus: Eine Informationseinheit besteht aus einer endlichen Anzahl an Zeichen. Diese Zeichen sind sowohl syntaktisch, wie semantisch identisch und definieren sämtliche formalen Möglichkeiten einer Informationseinheit. Der Unterschied zwischen Informationseinheiten besteht durch eine freie Variable. Diese freie Variable besetzt ausschließlich die pragmatische Ebene der Informationseinheit, die sich in Gestalt/Struktur abbildet und durch ihre syntaktisch-semantische Gleichheit einheitlich verlinkt wird. Gestalt/Struktur wird also nicht zusammengehalten von einem identischen Link, den sämtliche Informationseinheiten aufweisen. Sie wird zusammengehalten von einer generellen Gleichheit sämtlicher Informationseinheiten, die erst durch deren Gestaltung wirksam wird. Aus diesem Grund führt erst die Einheit von Gestalt/Struktur zur pragmatischen Deutung der freien Variablen. Sie ist der messbare Unterschied einer abgebildeten Informationseinheit. Die Vergrößerung der messbaren Unterschiede von Gestalt/Struktur ist, wie bereits bekannt, die Kausalität von Entropie und Evolution. Sie bestätigt die rekursive Schleife der TEK, in der Natur mittels erlernter Ereignistechnik (Fulguration) ihrer eigenen Ursache graduell näher kommt.

Entropie (Information für einen potentiellen Zeichenvorrat) und Evolution (Information, die einen aktuellen Zeichenvorrat enthält und Entropie generiert) sind möglicherweise nicht abhängig von einem lokalen Informationskanal, falls sie eigenständige dynamische Strömungen bilden. Bei hoher Informationsdifferenz zwischen Ereignissen muss man davon ausgehen, dass ihr spontanes Zusammentreffen an Ereignisgrenzen instabile Wirbel bildet. Die Informationsdifferenz könnte durchs Einströmen elementarer Ereignisbedingungen ausgeglichen werden. Wenn dem so ist, entstünden in der Folge Knotenpunkte für neue Ereignisse, die zwischen alten Ereignissen aufgehen. Ihre Ereigniswerte entsprächen dann jeweils der Addition der Informationsdifferenz. Neue Ereignisse, die an Knotenpunkten aufgehen, verfügen dann über einen aktuellen und potentiellen Zeichenvorrat, der die Anwendung von Ereig‾nistechnik (Fulguration) erlaubt.

Beachte: Je höher die lokale Ereignismenge, umso mehr Strömungen, Knotenpunkte und neue Ereignisse könnten entstehen. Dies würde auch die strukturellen Ähnlichkeiten lokaler Ereignisse erklären.

■ DIE SCHALE DER IGNORANZ

Das Symmetrieproblem von Aspekt und Perspektive.
Wir haben die kollektive Zelle der menschlichen Interaktion (30-40 Menschen) noch nicht erreicht. Wir haben sie dort erreicht, wo Regionalismus und Sozialkompetenz Globalisierung und Profitdenken in Schach halten, in vereinzelten regionalen Gemeinden. Aber wir haben sie nicht erreicht in urbanen, großräumigen Strukturen, die dominiert werden von einem anarchistischen Lobbyismus. Es ist uns daher bisher nicht gelungen der menschlichen Mehrheit Bedeutung und Tragweite ihres eigenen Metabolismus zu vergegenwärtigen. Noch immer stellen neunzig Prozent aller Menschen ihre persönlichen Ansprüche über ihre Einsicht ins Notwendige. Die Reform in jedem einzelnen Kopf scheitert an der eigenen Ignoranz.

Wir haben den Einzelnen noch längst nicht sensibilisiert für fundamentale Kausalitäten und ihn emotional überzeugt von seiner kollektiven Abhängigkeit, die jede Selbsterhaltung an eine unbedingte Fremderhaltung bindet. Und wir haben den Einzelnen deshalb nicht erreicht, da der tatsächliche Profit von Selbstbeschränkung und Verzicht nicht direkt vermittelt werden kann, während die Verlockung vermeintlicher Profite ständig für sich wirbt. Die Hamsterräder von Aktionsmus und Konkurrenzgedanke gestatten keine individuelle Distanz.

Der tatsächliche Profit, die ‚Freiheit eines Selbst‘, das der eigenen Person vorstehen kann, muss von jedem Einzelnen eigenständig erkämpft werden. Sein Wissen benötigt Erfahrung und individuelle Distanz, seine Umsetzung die Einsicht in die eigene Geringfügigkeit. Diese Voraussetzung ist nicht gegeben in menschlichen Gesellschaftssystemen, die unvermindert einen anarchistischen Individualismus propagieren und hiermit vorsätzlich die konkreten Zusammenhänge zwischen individueller und kollektiver Existenz ignorieren.

Wir holen kurz aus und betrachten die menschliche Basis: unsere Kinder.

Die Rolle der Erziehung und Sozialisation kann nicht hoch genug bewertet werden. Was wir unseren Kindern vermitteln, prägt nachhaltig deren Werdegang und spätere Weltanschauung. Es kann nicht zurückgenommen werden. Das emotionale Motiv, das in der Kindheit gelegt wird, nimmt nicht nur erheblichen Einfluss auf den Grad der Selbstwahrnehmung und das Verhalten. Dieses Motiv bildet stets den unbewussten Antrieb eines Menschen. (Warum jemand will, was über seine unmittelbare Selbsterhaltung hinausgeht, liegt allein in seinen Emotionen. Die Frage der tatsächlichen Grundbedingungen kann hier überhaupt nicht mehr ins Bewusstsein vordringen. Sie wird von einem emotionalen Unvermögen bereits unbewusst abgeblockt oder grundsätzlich ignoriert.

Die Menschen unserer Massengesellschaften sind Konsumenten. Wenn ich Konsumenten aus gezieltem Profitdenken glauben lasse, sie seien etwas Einmaliges, erschaffe ich Menschen ohne Gemeinschaftsgedanken. Ich erhöhe automatisch ihre Separation, ihren Anarchismus und den allgemeinen Grad ihrer Missachtung kollektiver Regeln.

Aus diesem Grund kann der durchschnittliche Konsument unserer Massengesellschaften auch nicht mehr nachvollziehen, was an seinem unverhältnismäßigen oder maßlosen Umgang mit irgendwelchen Energieformen falsch sein soll. Stattdessen reagiert der Konsument, der durch rationale Argumente auf sein persönliches Fehlverhalten hingewiesen wird, aggressiv. Und er reagiert aggressiv, da der Schutzmechanismus seiner Emotionen unbewusst die zutreffende Kritik an seinem Fehlverhalten verdrängt.) Seine anerzogene Ignoranz greift.

Im Klartext: das emotionale Motiv, das wir unseren Kindern mehrheitlich nach wie vor vermitteln, baut ganz auf einer individuellen Vorteilsnahme. Die persönliche Vorstellung verzerrt hier die objektive Wahrnehmung von existentieller Wirklichkeit. Sie ist die Erwartung, die menschliches Verhalten nicht länger an existentiellen Grundbedingungen ausrichtet, sondern ein abstraktes zukünftiges Ziel anstrebt. Die Widersprüche, die dieses zielfixierte Verhalten begleiten, werden von der eigenen Person nun auf die unmittelbare Umgebung abgewälzt. Die Erwartung, die dauerhaft gegen die Widersprüche ankämpft, wird Anspruch. Das emotionale Motiv tritt endlich an die Oberfläche und zeigt ein absurdes Selbstbild. Die Verantwortung für das eigene Fehlverhalten liegt für die betreffende Person nicht am eigenen Anspruch, sondern den Bedingungen von existentieller Wirklichkeit, die sich der gewünschten Form von individueller Vorteilsnahme nicht fügen. Also fügt sich die betreffende Person, mitsamt ihrem unerfüllten Anspruch, notgedrungen in eine unerwünschte Situation. Der Ausweg, der sich bietet, ist das Kind. Hier kann die gewünschte Form von individueller Fortwirken fortwirken.

Das emotionale Motiv reflektiert somit nur das emotionale Unvermögen der späteren Erwachsenen, die diese individuelle Vorteilsnahme wiederum an ihre Kinder vermitteln.

Die objektive Wahrnehmung existentieller Wirklichkeiten kann bei einem Menschen nicht greifen, solange dessen Erwartung und Anspruch die eigenen Grundbedingungen ignorieren.

Da die menschliche Mehrheit ihr emotionales Unvermögen an die Folgegeneration überträgt, gibt es auch keine freiwillige Verhaltenskorrektur jener Mehrheit. Also

schreitet die Zerstörung der eigenen Grundbedingungen ungestört fort.

Freiwilligkeit ist der Mythos eines Humanismus, der nicht versteht, dass das menschliche Tier mehrheitlich nicht empfänglich ist für eine abstrakte Vernunft. Es folgt ausschließlich seinen expansiven Trieben, die durch kognitive Prozesse potenziert werden. Die Ursache der fatalen Wirkung dieser kognitiven Prozesse liegt beim menschlichen Individuum nicht in dessen biologischem Programm mit seinen expansiven Trieben. Die Ursache liegt im Modus seiner kollektiven Organisation durch spezifische Interessengruppen und exklusive Organisationen, Konzerne, Gesellschaften und Staaten, die seinen expansiven Trieben keine biologisch verträglichen Grenzen setzen.

Das menschliche Individuum, das sich ‚mehrheitlich' als separate Einheit begreift, kann seine kognitive Fehleinschätzung der Separation zwischen eigener Person und organischer Welt somit auch nicht freiwillig korrigieren. Es bleibt ein Tier, das ohne Rücksicht auf Verluste und gegen jede Vernunft eine exzessive Selbsterhaltung betreibt. Allein das Zusammentreffen der persönlichen Ausweglosigkeit mit dem Unvermeidlichen erschafft die nötigen Veränderungen zum Ausweg. Denn es hält die kognitive Fehleinschätzung des Individuums im Zaum. Die menschlichen Gesellschaftssysteme der Gegenwart sind zwar bereit, aber nicht fähig zu globaler Kooperation und Solidarität. Ihre Verhandlungsgruppen sind ideologisch separiert und zerfallen in diverse Splittergruppen aus Staaten, Konzernen und Organisationen mit ganz spezifischen Interesse.

Der individuelle Nutzen zwischenmenschlicher Kooperation hat die kollektiven Strukturen dieser Verhandlungsgruppe erschaffen. Die Organisation komplexer Gemeinschaften war fürs menschliche Individuum quer durch Jahrtausende im höchsten Maße profitabel. Aber die Entstehung komplexer Gemeinschaften hat zugleich die ideologische Separation von Gesellschaftssystemen sowie die Entstehung privilegierter Minderheiten bewirkt. Diese privilegierten Minderheiten stellen die Mehrheit jener Verhandlungsgruppen, die hauptsächlich ökonomische Ziele formulieren, eine allgemeine menschliche Vorteilsnahme maximieren und methodisch umsetzen.

Der Konsens ihrer Methoden (ideologische Korruption oder Wohlstand durch maximale Ausbeutung ökologischer Ressourcen) hat im 20. Jahrhundert zu Massengesellschaften geführt, in denen der exzessive Konsumismus einer menschlichen Mehrheit unaufhaltsam die Grundlagen des planetarischen und somit eigenen Stoffwechsels zerstört hat. Die kausalen Zusammenhänge zwischen menschlichem Fehlverhalten und ökologischen Effekten sind seit Jahrzehnten bekannt. Ursachen, Wirkungen sowie Folgen der ineffizienten Modi in Energieumwandlung, Produktion, Konsum und Reproduktion sind allesamt hundertfach benannt und sichtbar.

Aber der ‚gemeinsame Wille' zu wirksamen Reformen ist ausgeblieben. (*Denn ‚gemeinsam' bedeutet hier immer geteilt. Und Auswirkungen, die nicht jedes menschliche Individuum im System Erde unmittelbar treffen, werden nicht geteilt und bleiben daher unangetastet.*) Da der Eigennutz der menschlichen Mehrheit nach wie vor selbst die Liebe zu ihren eigenen Kindern übertrifft, ist sie umso unverhältnismäßig größer als die Solidarität mit ihren Mitmenschen - Fremde, die nicht mal dem ‚eigenen Stamm' angehören. Das Ergebnis dieser gleichgültigen Haltung der menschlichen Mehrheit ist ersichtlich an drei konkreten Aspekten, die in direkter Wechselbeziehung stehen: 1. Dem Konsumverhalten unserer globalen Massengesellschaften. 2. Dem Zerfasern zivilisierter Werte durch eine profitzentrierte Ökonomie. 3. Dem ökologischen Chaos, das aus den Folgen der Erstgenannten hervorgeht.

Sämtliche Anstrengungen zur ökologischen Verhaltenskorrektur der gegenwärtigen menschlichen Spezies sind gescheitert. Und sie werden scheitern. Die Wahl der Möglichkeiten hat sie verhindert und wird sie verhindern. Der Gewohnheitstrinker, der hartnäckig leugnet, das er längst Alkoholiker ist, indem er sich einredet, er könne das Trinken jederzeit lassen, wird nicht aufhören zu trinken.

Die kognitive Fehleinschätzung des menschlichen Individuums, manifestiert durch einen technologischen Imperativ, lässt die organisierte Expansion seines biologischen Programms unangetastet. Es ließ sie solange unangetastet, bis deren verheerende Folgen endlich den menschlichen Stoffwechsel und somit unmittelbar den zivilisatorischen Fortbestand der Spezies bedrohen mussten.

Erst die Mechanismen der Natur haben das menschliche Selbstbild ins richtige Verhältnis zur organischen Welt gerückt und der menschlichen Expansion Schranken gesetzt. Die menschliche Zweckentfremdung energetischer Ressourcen und die Unverhältnismäßigkeit ihrer Nutzung war von den organischen Grundlagen nicht länger tragbar, die kollektive Einschränkung organischer Existenz ihre unmittelbare Folge.

Projektionen menschlicher Vergangenheit.
Die vorgebrachten Sätze in diesem Buch sind nicht für die menschliche Gegenwart bestimmt. Sie sind bestimmt für eine unbekannte menschliche Zukunft. Die menschliche Gegenwart ist nicht zu retten. Die Eigendynamik ihres technologischen Determinismus hat sie überrollt. Die Ignoranz einer menschlichen Mehrheit gegenüber fundamentalen Kausalitäten hat gesiegt. Die Wechselwirkungen zwischen Individuum und Kollektiv, zwischen eigenem Metabolismus und Stoffkreisläufen, zwischen Sonnenlicht und Materie, zwischen eigenem Verstand und Emotionen: Sie sind nie ins Bewusstsein einer menschlichen Mehrheit gedrungen. Wie sollten sie auch?
Wie sollte Vernunft eine Gier korrigieren, die noch nicht ausreichend unter sich selbst gelitten hat, um Verzicht zu praktizieren. Erst die persönliche Erfahrung verändert das eigene Verhalten. Aber sie kann das eigene Verhalten nicht verändern, wenn ein gesamtes Gesellschaftssystem unvernünftig agiert. Die Anthropologie liefert die Erklärung: der menschliche Organismus ist ein Herdentier. Die Mehrheit seiner Individuen orientieren sich somit an der Mehrheit.
Man kann sagen: das Verhalten einer Mehrheit, dass sich immer gegenseitig ergänzt und steuert, bleibt somit unverändert.

Die notwenige *Reform der menschlichen Stammespräverenz* ist ausgeblieben. Die Schlacht um Maß und Vernunft im menschlichen Umgang mit Energie ist verloren. Sie ist verloren aus kollektiver Ignoranz. War diese Schlacht mit Entdeckung der energetischen Revolution durch Industrialisierung und Automation für irgendeine menschliche Gegenwart, die ihr nachfolgte, je zu gewinnen? Setzte die Technologie, betrachtet durch eine menschlich-kognitive Fehlinterpretation der organischen Welt nicht endgültig einen deterministischen Mechanismus in Gang?
Die Zeit für freiwilligen Verzicht ist vorbei. Sie weicht einer nahen Zukunft, die im vorhersehbaren Extrempunkt ihrer energetischen Zwangsbeschränkung die Chancen einer grundlegenden Neuausrichtung ihrer Geisteshaltung erkennen und nutzen sollte. Der Extrempunkt kollektiver Entbehrungen, der

‚mit Ansage' auf uns Menschen im System Erde zukommt, ist der Wendepunkt individueller Vorstellungen. Es ist der Wendepunkt dessen, wie das zivilisierte Kollektiv das menschliche Individuum noch im 20. und 21. Jahrhundert definiert hat.

Das verantwortungslose Individuum der Massengesellschaft, bisher geschützt durch ethische Grundsätze, verliert nun seine Selbstbestimmung. Das Ende energetischer Verfügbarkeit ist das Ende individueller Freiheit.

Die Zeit für moderate Veränderungen ist vorbei. Nun sind die persönlichen Entbehrungen umso schmerzhafter, da ungleich größer. Der anarchistische Individualismus und die persönliche Ignoranz der menschlichen Mehrheit haben gesiegt. Das menschliche Virus zersetzt sich selbst. Die energetische Nahrung ihres Wachstums geht zur Neige. Das absehbare und vorläufige Ende menschlicher Selbstbestimmung, das hieraus resultiert, ist unumkehrbar. Unsere gegenwärtigen Zivilisationen sind voneinander separiert wie der einzelne Hausbewohner von seinem Nachbarn, der einzelne Mensch von seinem Lebenspartner, die Eltern von ihren Kindern. Es gibt Gesetze und Verträge, es gibt Regeln, Vereinbarungen und Kompromisse, aber keine gemeinsame Übereinstimmung in ein Zusammenleben auf Basis materieller Zweckmäßigkeit, kollektiver Verhältnismäßigkeit oder ökologischer Verträglichkeit.

Jeder öffentliche Diskurs einer persönlichen Verhaltenskorrektur war und ist zum Scheitern verurteilt. Er scheiterte und scheitert an der mehrheitlichen Unfähigkeit des Einzelnen zu freiwilliger Selbstbeschränkung. Und er scheiterte und scheitert an Gesellschaftssystemen, die als Querschnitt jener mehrheitlich Einzelnen der Verantwortungslosigkeit des Einzelnen keine gesetzlichen Schranken setzten und setzen.

Unsere Nachbarn, Partner, Kinder sind nicht vernünftig. Wir selbst sind nicht vernünftig. Unsere Zivilisationen sind nicht vernünftig. Sie verkörpern in ihrer ökonomischen Ausrichtung einen anarchistischem Individualismus und fördern das emotionales Unvermögen der menschlichen Mehrheit. Wir selbst sind durch unser ökonomisches Verhalten anarchistische Individualisten und emotional unreif.

Das digitale Kapitalozän war der Höhepunkt des Anthropozän und zugleich der Garant zu dessen Untergang.

Die technokratische Effizienz der ökologischen Ausbeutung stieß an die Grenzen energetischer Verfügbarkeit.

Unsere Zivilisationen mussten erst den Weg ihres organisierten Determinismus zu Ende gehen. Sie waren wie das Kind, das sich erst an der heißen Herdplatte verbrennen musste. Das Individuum musste erst durch die kollektive Erfahrung der einprägenden Selbstverletzung. Es musste durch die Erfahrungen von Mangel, Not und Verlust, um sein Verhalten zu verändern. Der persönliche Schmerz am eigenen Leib war der Gradmesser der Einsicht ins Unvermeidliche. Erst hier wurde die theoretische Einsicht durch Gedanken und Worte, die keine Taten kennt, zur alltäglichen Praxis.

Unsere gegenwärtigen Zivilisationen mussten erst mit kollektivem Rücken zur Wand stehen, bevor die Vernunft Gehör fand und durch Zwang zu persönlicher Selbstbeschränkung zur partiellen Anwendung gelangte. *(Es ist verständlich, dass wir Fremden nicht vertrauen. Dennoch vertrauen wir täglich auf die Funktionstüchtigkeit unserer kollektiven Strukturen, die von jenen Fremden geleistet wird. Wir vertrauen der Funktionstüchtigkeit dieser Strukturen, da wir durch die Komplexität unserer organisierten Gesellschaften auf die Leistungen Fremder angewiesen sind. Daher ist die Abhängigkeit zu gegenseitigem Vertrauen unter Menschen letztlich immer stärker als das Misstrauen, das zu sicherer Selbstselektion führt. Der Überlebenswille des Individuums übertrifft bei Weitem seine exzessive Selbsterhaltung. Das Vertrauen zwischen Menschen, zwischen Gruppen, zwischen Gesellschaften, zwischen Zivilisationen kann sich am Ende nur durchsetzen, sobald das Individuum durchs Nadelöhr ist.)*

Unsere gegenwärtigen Zivilisationen haben, bei aller vorsichtigen Schätzung, in ihrer Geisteshaltung mehr Gemeinsamkeiten mit ihrem Entwicklungsstand vor 100 Jahren als mit den Zivilisationen, die in 100 Jahren bestehen werden. Die globale Gesellschaftsdynamik und ihre ethischen Modifikationen, die mit dem technologischen Quantensprung vom 20. in 21. Jahrhundert einhergehen, sind gering im Verhältnis zum Quantensprung, der das 21. ins 22. Jahrhundert überleiten wird. Die Anzahl der technokratischen Skeptiker schwindet mit jeder weiteren Generation, die von einem digitalen Totalitarismus systematisch indoktriniert wird. Die potentielle Fähigkeit des menschlichen Individuums zur (Selbst)Erkenntnis, der Mut zur eigenen Urteilskraft sinkt mit jedem Algorithmus, der menschliche Entscheidungen determiniert. Der digitale Totalitarismus wird noch im 21. Jahrhundert die Modi menschlicher Energie‾umwandlung und Produktion, menschlichen Konsums und menschlicher Reproduktion reformieren. Er wird kollektive Energieumwandlung und Produktion ökologischen Erfordernissen angleichen, individuellen Konsum und Reproduktion beschränken. Und er wird dem menschlichen Individuum durch unbemerkte Manipulation und Suggestion zugleich die Selbstbestimmung nehmen. Dies ist der Preis für die energetische Effizienz unserer Spezies, die mittels materieller Zweckmäßigkeit, kollektiver Verhältnismäßigkeit und ökologischer Verträglichkeit zu globaler Anwendung kommt.

Die menschliche Spezies des Kapitalozän war das Resultat ihrer eigenen kognitiven Tragödie. Sie war gefangen in ihrem technologischen Determinismus, ihr ökonomisches Scheitern somit nur folgerichtig. Der Exponent der menschlichen Basis, seine organisierten und abstrakten Komplexe, waren der Potenzwert der Selbstselektion der menschlichen Mehrheit durch die konkrete Uneinigkeit jener selbstgeschaffenen Komplexe. Die irreversible Energieumwandlung fossiler Energieträger, aus der die menschlichen Massengesellschaften des 20. und 21. Jahrhunderts entstanden, führten auch zu deren Ende.

Sie wussten, was geschehen würde, aber sie konnten ihr Verhalten nicht ändern. Ihre Ignoranz war ihr Verhängnis. Die Ideologie des liberalen Humanismus hatte ganze Arbeit geleistet. Regierungen und Konzerne waren nur das Abbild von Bevölkerungsmehrheiten.

Die meisten Menschen dachten ausschließlich an ihren persönlichen Konsum und Profit, statt an Verzicht und Selbstbeschränkung. Selbst die Wenigen, die ihren Energieverbrauch extrem beschränkten, wurden von den Strukturen ihrer Gesellschaftssysteme zur Ineffizienz gezwungen.

Es gab viele Worte, viele Gespräche, viele Konferenzen, es gab viele Versuche zu Reformen - vergeblich. Die Unvernunft jedes Einzelnen blieb stärker.

Am Ende überschritten die menschlichen Anstrengungen zur Mobilisierung der systemimmanenten Gesamtenergie des Planeten durch irreversible Modi zu lange und zu intensiv die katalytischen Kapazitäten der Substrate. Im Verlauf des 21. Jahrhunderts kamen die Katastrophen, die durch ihre ökologische Verkettung zum globalen Treibhauseffekt und zur Erderwärmung führten. Das Polareis schmolz, die Permafrostböden tauten. Mitte des Jahrhunderts kippte das Ökosystem Ozean. Weite Teile des Planeten waren nicht länger bewohnbar. Energie und Nahrung verknappten, ihre Verteilung musste beschränkt und überwacht werden.

Letztlich begriff selbst die Minderheit der Vernünftigen die Unvermeidlichkeit einer Zukunft, gegen die sie bereits ein ganzes Jahrhundert durch Aufklärung und Bildung angekämpft hatte. Das Menschenbild musste sich grundlegend verändern, ethische Grundsätze und individuelle Selbstbestimmung weichen. Die Verantwortungslosigkeit und Unvernunft der Mehrheit hatte beide abgeschafft. Das menschliche Individuum konnte zum eigenen Überleben nur durchs Nadelöhr der energetischen Beschränkung. Die Errichtung synthetischer Barrieren, die persönlichen Konsum und Reproduktion beschränkten, war daher nicht nur folgerichtig, sondern nach ethisch-philosophischer Reflexion sogar legitim. Der Durchbruch einer Künstlichen Intelligenz im 21. Jahrhundert markierte ebenso das Ende der menschlichen Irrationalität wie Originalität.

Die Reintegration des menschlichen Organismus in die organische Welt des post-Anthropozän war so unabdingbar, wie die vorausgehenden Extreme, die eine menschliche Selbstregulierung und Errichtung synthetischer Barrieren erzwangen.

Die Natur enthält bereits sämtliche Lösungen. Was auch immer zu irgendeinem Zeitpunkt an ihrer Oberfläche erscheint, verschwindet ebenso wieder spurlos in ihrem Untergrund. Wir vergessen, im Zeitstrom der Natur gibt es kein richtig oder falsch. Es gibt lediglich Erscheinungen, die durch die Gültigkeit von Elementarkonstanten stets folgerichtig verlaufen.

Der evolutionäre Datensatz ist gespeichert im Binärcode der Natur. Die solarterrestrische Information kann durch die freie Variable der Gesamtinformation nicht verloren gehen, ganz gleich wie oft temporale Ereignisklassen durch erfüllte Erwartungswerte auch reprogrammiert werden oder nicht.

Wenn wir wissen, dass das Vakuum des Ursprungs mit seiner singulären Information (≥ 0) nur durch einen Informationsunterschied (≤ 1) seinen Zustand gewechselt hat. Dann wissen wir auch, dass die Natur zu jedem Zeitpunkt und in sämtlichen Erscheinungen exakt zwei Möglichkeiten hat. Die Wahl der Information (≥ 0 oder ≤ 1), aus deren Kombination die Synergie sämtlicher kosmischen Daten hervorgeht, ist durch ihre Bereitstellung von Quanten bereits programmiert auf Evolution.

Wir wiederholen: Evolution ist wachsende Gestaltinformation durch wachsende Kenntnis der Zeichenidentität, die Natur zugrunde liegt. Die wachsende Kenntnis der Zeichenidentität wird ‚verkörpert' durch eine wachsende Selbstkenntnis von Natur, die sich als ‚messbare Unterschiede' von Gestalt präsentiert. Diese messbaren Unterschiede gehen zurück auf eine größere Möglichkeit an Alternativen, die eine höhere Adaptionsfähigkeit von Informationseinheiten voraussetzen.

■

Die Wechselwirkung von Gestaltinformation.
Der Umfang von Gestalt hängt ab von zwei Faktoren. Zum einen vom verfügbaren Informationspool, zum anderen von der potentiellen Informationsverarbeitung. Es gilt: Je größer die verfügbare Information, umso größer der Umfang von Gestalt. Eine zwangsläufig fortschreitende Evolution durch eine Zunahme an verfügbarer Information ist ansteigender Gestaltwandel. Es ist nicht die Menge der Information, die zunimmt, sondern die Möglichkeit ihrer Alternativen, die allein aus dokumentierter Erfahrung hervorgeht.

Wenn wir uns die Gestalt näher betrachten, erkennen wir durch die informative Komplexität bestimmte Regionen einer höhere Informationsdichte als für andere Regionen.

Das Aggregat Materie erfordert durch seine strukturelle Verdichtung von Information folglich auch eine höhere Informationsdichte als das Aggregat Flüssigkeit, Plasma oder Gas.

Ein Gestaltwandel zu höherer Informationsdichte benötigt daher jede Menge Energie. Der ‚Zugewinn' an potentieller Information, der eine höhere Informationsdichte von Ereignis bewirkt, erfolgt durch Zufuhr von Energie.

Energie hat in der Informationstheorie zwei Funktionen. Zum einen ist sie das Medium der Informationsverarbeitung durch Materie. Zum anderen ist sie ein Sender für potentielle Information oder ansteigenden Gestaltwandel.

Verkürzt: Materie und Energie sind verschiedene Formen derselben Gestalt. Während Materie uns Gestalt als sichtbares Moment abbildet, zeigt Energie uns stets diffuse Übergangszustände von Gestalt. (Materie durch Energie ist die konkrete Gestalt von Information. Dunkle Materie oder Energie dagegen die konkrete Gestalt von potentieller Information.)

Viel Materie bedeutet eine hohe Dichte an gegenwärtiger Information. Eine hohe Dichte an gegenwärtiger Information bewirkt eine gesteigerte Verfügbarkeit für potentielle Information oder ansteigenden Gestaltwandel.

Die Eigenschaft von temporärem Ereignis ist Schwingung. Gestalt ist die Schwingung von temporärem Ereignis. Die Schwingung von temporärem Ereignis steht für thermische Teilchen, die an einem lokalen Informationskanal (Schwarzes Loch) gemessen und analysiert werden.

Sterne sind das Ergebnis einer hohen Informationsdichte. Sie sind Informationszentren für potentielle Information und somit einer erweiterten Dokumentation thermischer Teilchen, die aus Interaktion möglichst vieler Ereignisse (temporaler Ereignisklassen) hervorgehen.

Um den Informationspool (für Evolution) weiter zu erhöhen, wird ihre potentielle Information durch Lichtinformation (Solarbits) zunächst in verfügbare Materie (Gestalt) geschickt. Dort wird potentielle Information durch mögliche Nutzung (Terrabits) um zusätzliche Entropie bereichert. Das Dokument, das aus temporalen Ereigniskassen (einer möglichen Interaktion von Solarbits mit Materie) ohnehin hervorgeht, wird (durch Terrabits) um entropische Details erweitert. Sie bieten, was Evolution durch Gestalt erwünscht: Mehr Alternativen.

Terrabits sind durch ihre progressive Materie/Energie-Kausalität stets geeignete Empfänger und mögliche Datenspeicher für potentielle Information. Die zusätzliche Möglichkeit der Speicherung und aktiven Verarbeitung von Lichtinformation eröffnet das ‚vorläufige Maximum' von ansteigenden Gestaltwandel: Organik. (Ein künftiges Gestaltverhalten ist durch den offenen Vorgang von Evolution, bestimmt von einer Dynamik zwischen Spontanität und Erwartungswerten nicht absehbar.) Ein Maximum von Gestaltwandel erfordert jedenfalls sowohl ein ‚vorläufiges Maximum‘ an Informationsdichte, wie Informationsverarbeitung. Informationsdichte durch Materie, wie Informationsverarbeitung durch Energie beschrieben hier die Komplexität von Gestalt.

Die Gestalt von Wasserstoff erfordert relativ wenig Information und daher relative wenig Energie. Die Gestalt von Organismen dagegen relativ viel Information und daher relativ viel Energie. Der ‚Zugewinn‘ an Information bzw. der Effizienz von Informationseinheiten, die Gestalt durch temporäres Ereignis ebenso ausdehnt, wie lokal verdichtet, entwickelt sich hierbei aus der binären Teilbarkeit von Information.

Information besitzt eine syntaktische (Anordnung) und eine semantische Ebene (Bedeutung). Sie ist daher stets binär und bewirkt somit eine stetige Verdoppelung ihrer Menge. Aus beiden Ebenen geht nun eine dritte Ebene hervor: die pragmatische Ebene. Sie ist die Umsetzung von Information in Gestalt.

Sowohl die Syntaktik wie die Semantik, die der Notiz **Brot kaufen** zugrunde liegen, sind völlig nutzlos, wenn die Notiz nicht durch Pragmatik umgesetzt und das Brot auch gekauft wird. Information ohne Umsetzung ist unnütz.

Was aber unnütz ist, existiert in der Natur nicht.

Wir spekulieren: Gestaltinformation ist nicht möglich durch einen identischen Link, sondern eine freie Variable, die sämtliche Informationseinheiten pragmatisch abbildet und hiermit ihren messbaren Unterschied bewirkt. Diese freie Variable ist in der Autoinformation angelegt. Die syntaktische und semantische Ebene der Informationseinheit ist hingegen identisch und führt durch pragmatische Abbildung in temporärem Ereignis zur Verschränkung der Informationseinheiten.

Binäre Informationsverarbeitung ist pragmatische Umsetzung von Information in Gestalt. Ihr Modus Operandi ist für uns die exakte Kopie einer ‚erstmals erfolgreich gestalteter‘ Autoinformation, die sich mit ansteigender syntaktischer, semantischer und pragmatischer Effizienz gestaltet.

Natur ist letztlich eine Einzelinformation, die sich durch ihren eigenen Informationsunterschied beständig vergrößert bzw.

physisch (Gestalt) ausdehnt. Die zunehmende Geschwindigkeit ihrer Ausdehnung ist begründet in der ansteigenden Verarbeitung von verfügbarer Information. Mehr Ereignisse in der Vergangenheit, mehr Ereignisse in der Zukunft. Oder auch, mehr Dokumente durch temporale Ereignisklassen, mehr Potentiale für temporale Ereignisklassen. Folglich auch: Je höher die Information der Entropie an einer lokalen Zeitkoordinate, umso potenter die Information für eine gesamtheitliche Evolution.

Information und Gestalt sind das Kontinuum einer Natur, die durch eine rekursive Schleife temporärer Ereignisse ihre eigene Zeichenidentität rekonstruiert. Information und Gestalt, Dokument und Potential, Erfahrung und Möglichkeit, Entropie und Evolution sind Ereignispaare derselben temporalen Struktur, die ihre Ursache in einer Zeichenidentität fixiert hat.
Da wir es hier zu tun haben mit einem Kontinuum, das multidimensionale Komplemente beinhaltet, die sich ebenso bedingen, wie in Wechselwirkung stehen, ist die quantitative Wiederholung der rekursiven Schleife temporärer Ereignisse nicht absehbar.
Die Selbstkommunikation von Natur ist nach gegenwärtiger Kenntnis von Gestaltinformation daher womöglich nichts anderes als eine stochastisch[31] maximierte Methode zur Lösung der eigenen Zeichenidentität. Der mögliche Zweck einer Lösung dieser Zeichenidentität wäre demnach eine Bedingung zur Fähigkeit der eigener Reversibilität.

Die Expansion von Gestalt (Gestaltumfang) ist nun die Begleiterscheinung einer effizienten Informationsverarbeitung, die strukturell abgebildet wird. Diese konkrete Abbildung von Informationseinheiten in Gestalt (Informationsverarbeitung), erfolgt einzig durch die Erfahrung von Dokument und ihrer Möglichkeit zur Nutzung von Potential, das Dokument bereitstellt. Dokumente sind immer informative Vorschläge, die Potentiale auf einer lokalen Zeitkoordinate Evolution machen.

Schau, ich weiss, wie die Ergebnisse besser werden. Ich weiss, wie das verfügbare Material effektiver eingesetzt werden kann. Ich weiss, wie wir an mehr Alternativen kommen …

Das altbekannte Dilemma zwischen Entropie (Informationsverlust) und Evolution (Informationszunahme) ist gegenstandslos. Beides ist Information. Entropie ist Information als Dokument temporaler Ereignisklassen, die an der lokalen Zeitkoordinate gemessen und dokumentiert wird. Evolution ist Information als Potential künftiger temporaler Ereignisklassen, die aus dem Dokument vergangener Ereignisse hervorgeht.

Entropie ist kein Informationsverlust, sondern lediglich die ansteigende Unkenntnis einer gegenwärtigen Information, die sich an der lokalen Zeitkoordinate ansammelt. Wir verlieren keine Information, wir verlieren nur die Kenntnis über potentielle Information und Gestaltverhalten.

Der ansteigende Gestaltwandel (Evolution) ist Beweis für eine Zunahme an verfügbarer Information und deren effizientere Verarbeitung, nicht für eine generelle Zunahme an Information in irgendeinem spekulativen Informationsstrom.

Die Quantität an Information auf lokalen Zeitkoordinaten ist unveränderlich. Ihre Summe kann nur durchs Zusammenfallen lokaler Zeitkoordinaten ansteigen, die eine Addition beider Zeitkoordinaten zur Folge hat. Evolution (Gestaltwandel) verfügt also nicht über mehr Informationseinheiten, die abgebildet werden. Sie verfügt über eine identische Menge an Informationseinheiten, die durch Erfahrung von Vergangenheit lediglich adaptiver und effektiver sind. Ihre Qualität liegt in ihrer Fähigkeit zur Abbildung von mehr Alternativen in Gestalt.

Die Leistungskapazität einer Informationseinheit ist unveränderlich. (Ein Bit ist immer ein Bit). Was die Leistungskapazität der Informationseinheit erhöht ist lediglich ihre pragmatische Verschränkung. Der ‚messbare Unterschied' von Gestalt zeigt sich nicht an der Einzelinformation, sondern der Menge der IE bzw. deren Alternativen, die den Grad ihrer pragmatischen Verschränkung durch einen oder mehrere jeweilige Rechner beschreiben. Die Leistungskapazität jener Rechner (Prozessoren) definiert also den Grad der pragmatischen Verschränkung von IE anhand einer verfügbaren Menge an Alternativen, die als Ereignis gebildet (in Gestalt abgebildet) werden können.

Der Beweis für einen ansteigenden Gestaltwandel durch eine zunehmende Leistungskapazität von Informationseinheiten, die sich anhand energetischer Effizienz in Materie abbildet, ist die Technik der Fulguration. Terrestrische Systeme sind ein Paradigma für Fulguration. Die Integrationsstufe binärer Semantik ist in diesen Systemen so fortgeschritten, dass die Binärinformation eine formal infinite Menge an subautonomen Alternativen (Terrabits) hervorbringt. Das Potential, das Informationseinheiten eine zwar regional limitierte, aber derartig komplexe Verschränkung ermöglicht, kann nur aus äußerst präzisen Dokumenten stammen, die eine für Terrabits optimal geeignete Entropie beinhalten.

Auch dieser Erkenntniswert ist nur ein weiterer Deutungsversuch einer gesamtheitlichen Symmetrie von Informationsaspekt und Gestaltperspektive, der nicht über seine eigene Reflexion hinauskommt.

ANHANG

[1] Der 2. Hauptsatz der Thermodynamik definiert die Irreversibilität sämtlicher spontanen Prozesse (vor allem Wärmeprozesse), die in abgeschlossenen Systemen ablaufen. Sämtliche Prozesse, bei denen Energie z. B. aus einem höheren Zustand (mechanische Energie) in einen niedrigeren Zustand (thermische Energie) überführt wird, erhöhen die Entropie; siehe: Thermodynamik: Grundlagen und technische Anwendungen, Hans-Dieter Baehr, Stephan Kabelac, Springer Vieweg, 2016.

[2] Entropie ist eine physikalische Größe. Sie beschreibt die Verlaufsrichtung von Wärmeprozessen. In der Informationstheorie bedeutet die empirisch verifizierte Zunahme von Entropie in einem abgeschlossenen System zugleich eine irreversible Zunahme von Informationsverlust. Je mehr Information verarbeitet wird, umso größer der Informationsverlust durch Prozesse, die durch ihre Komplexität auch viel Energie benötigen und entsprechend Wärme freisetzen. Zur Rückführung dieses Informationsverlusts in seinen Anfangszustand einer ‚niedrigen Entropie‘ müsste ein anderes System Wärme und/oder Materie des Systems aufnehmen.

Wir müssen hier zum Textverständnis zunächst ein paar geläufige und weniger geläufige Begriffe klären. Ein klar definierbarer Informationsunterschied im Makrokosmos entspricht einer mikrokosmischen Informationsordnung durch Informationskenntnis. Eine ‚niedrige Entropie‘ deutet auf Informationskenntnis der Zusammenhänge von mikroskopischen und makrokosmischen Zuständen. Eine Informationsgleichheit im Makrokosmos entspricht einer mikroskopischen Informationsunordnung durch Informationsverlust.

Eine zunehmende Entropie deutet somit auf eine Zunahme von Informationsverlust. Dieser Informationsverlust ist in abgeschlossenen Systemen gleichbedeutend mit der ‚Ungewissheit von mikroskopischen Zuständen‘. Da Gewissheit Informationskenntnis voraussetzt, erlaubt der ungewisse Mikrozustand eines Systems keine Kenntnis von dessen Einfluss auf seinen sichtbaren Makrozustand.

Als Beispiel dient uns hier ein Topf mit heißer Suppe. Die übertragene Wärmeinformation der Suppe ist der Informationsverlust, der von der Informationskenntnis der Umgebung aufgenommen wird. Die heiße Suppe besitzt durch ihre höhere Temperatur als die Umgebungstemperatur auch eine höhere Entropie als ihre Umgebung. Die anfängliche Umgebungstemperatur ist somit zugleich das Hauptmerkmal der Informationskenntnis von der Suppentemperatur. Kühlt die Suppe ab, verringert sich ihre Entropie, während sie in der Umgebung ansteigt. Die Informationskenntnis der Umgebung verringert sich also. Ist die Suppe kalt, hat sie die

Informationskenntnis der Umgebung zwar erreicht. Ihre Abgabe von Wärme (inbegriffen Entropie und Informationsverlust) hat dafür aber den Anfangszustand der Umgebung verändert, bzw. den Informationsverlust der Umgebung erhöht. Wird die Suppe nun theoretisch in einer hermetisch abgeriegelten Küche unendlich lange und konstant heiß gehalten, nimmt die Küche schließlich die Temperatur der Suppe an. Die Informationskenntnis der anfänglichen Küchentemperatur führt durch Temperaturangleichung mit der Suppe nun zum völligen Informationsverlust der Suppe. Irgendetwas hat die Temperatur der Küche (Makrokosmos) erhöht. War es der Ofen? War es die Heizung? Informationsgleichheit ist ebenso die Unmöglichkeit von Informationsunterschied, wie Informationsunordnung die Unmöglichkeit von Informationsordnung. Die entstandene Entropie in der Küche könnte sich nur verringern und die Küche wieder ihren Anfangszustand von Informationskenntnis erreichen, wenn entweder die Wärme aus der Küche entweicht oder die heiße Suppe von dort entfernt wird. Das finale thermische Gleichgewicht zwischen Suppe und Küche ist zugleich das Höchstmaß an Entropie, das durch mikroskopischen Informationsverlust jeden makroskopischen Vorgang zum Erliegen bringt.

Paradoxerweise entsteht exakt hier ein altbekanntes und grundlegendes Dilemma zwischen Entropie und Evolution. Da Evolution immer komplexere Gestalt annimmt, muss hierfür die verfügbare Menge an Information zunehmen. Wie kann dies sein, wenn bei ansteigender Entropie die Informationskenntnis immer weiter abnimmt?

Unser Ansatz: Information ist nicht gleich Information. Entropie ist die Kenntnis über ‚gegenwärtige' Information, die immer Vergangenheit betrifft. Evolution ist die Unkenntnis über ‚mögliche' Information, die immer Zukunft betrifft. Die Informationskenntnis der Gegenwart kann also nichts aussagen über irgendeine zukünftige Information. Kurz: die ‚gegenwärtige' Information nimmt ab, die ‚mögliche' Information nimmt dafür zu; siehe Information ist Energie: Definition eines physikalisch begründeten Informationsbegriffs; Lienhard Pagel, Springer Vieweg 2013.

[3] In homogenem Material sind Lichtstrahlen gerade: 1. Axiom im ‚Fermat-Prinzip'. In: Optik mit Lichtwegen: Das Fermat-Prinzip als Grundlage für das Verstehen der Optik; Roger Erb, Westarp 1994.

[4] Der Begriff der Bewohnbarkeit bezieht sich nicht nur auf die allgemeine Fachbezeichnung ‚habitable Zone', also jenen Abstand von Sternen, den Planeten grundsätzlich besitzen müssen, um an ihrer Oberfläche organische Existenz zu genieren. Der Begriff der Bewohnbarkeit bezieht sich hier auf sämtliche Eigenschaften eines Planeten, die eine ‚erdähnliche' Ökosphäre erst ermöglichen. Siehe hierzu auch ‚Earth Similarity Index'.

[5] Siehe Noether-Theorem; die Gesamtenergie eines abgeschlossenen Systems ist konstant und ändert sich nicht mit der Zeit; Emmy Noether; Inva-

rianten beliebiger Differentialausdrücke, Gött. Nachr. 1918; Physikalische Symmetrie (auch Symmetrietransformation) ist der unveränderte (invariante) Zustand eines Systems trotz einer bestimmten Änderung, (Transformation); die Gesamtenergie eines abgeschlossenen Systems kann sich über die Zeit nicht ändern. Energie ist eine Erhaltungsgröße=Energieerhaltungssatz; Horst Stöcker: Taschenbuch der Physik. 6. Auflage. Beachte: Die geometrische Verbindung der physikalischen Größe ‚Energie' mit der Unveränderlichkeit ihrer Wirkung durch Symmetrietransformation hat nichts zu tun mit der energetischen Effizienz oder Ineffizienz einer ‚Energieumwandlung' durch menschliche Technologie.

[6] Synergie oder Synergieeffekte beschreiben die Effekte von Kooperation, die zu einer größeren Wirkung führen; die Summe der einzelnen Teile ist größer als die einzelnen Teile. Synergie folgt dem Konzept des Holismus und steht daher dem Reduktionismus entgegen. Siehe Aristoteles, Metaphysik, Thomas A. Szlezák, Akademie Verlag, Berlin 2003;

[7] Fulguration, Begriff der Systemtheorie; das plötzliche Entstehen neuer Eigenschaften in einem komplexen System; der Begriff entspricht den Begriffen Emergenz oder Synergieeffekt; siehe Konrad Lorenz, die Rückseite des Spiegels, Versuch einer Naturgeschichte des menschlichen Erkennens, dtv 1993.

[8] Erdfrühzeit, Zeitraum von der Entstehung der Erde bis zur Entwicklung der Tierwelt, etwa. 4,56 Milliarden Jahre - etwa 540 Millionen Jahre, Bernhard Hubmann, Harald Fritz; die Geschichte der Erde, marix Verlag, 2019. Chemische Evolution und der Ursprung des Lebens, Horst Rauchfuß, Springer; Auflage: 1. Aufl. 2005.

[9] Chemische Ernährung; Organismen, die den Energiebedarf ihres Stoffwechsels aus rein chemischen Reaktionen decken; auch chemoautotrophe Organismen; C. Josenhans, H. Hahn, Bakterien: Vermehrung und Stoffwechsel, Springer-Verlag Berlin Heidelberg 2016.

[10] Theorien der biologischen Genese im System Erde. Die endogene Synthese erklärt die Entstehung von Leben als Ergebnis der Systembedingungen. Die exogene Synthese erklärt die biologische Genese im System Erde als Ergebnis einer Besiedlung durch interstellare Mikroorganismen, auch Panspermie. Siehe: Sind wir wirklich von dieser Welt?: Darwinismus oder Evolution nach Plan. Analyse der Beweislage, Lászlo A. Marosi, Marosi Verlag, 2015.

[11] Siehe Noether-Theorem; zur Erhaltungsgröße Energie gehört die kontinuierliche Symmetrie der Zeitinvarianz.

[12] The Revenge of Gaia. Why the Earth is Fighting Back and How We Can Still Save Humanity. Allen Lane, London 2006.

[13] Nach James Prescott Joule, seit 1960 internationales Einheitssystem (SI-Einheit); Maßeinheit für den physiologischen Brennwert von Nährstoffen

bei deren Transformation in den (menschlichen) Stoffwechsel, auch Maßeinheit für Kinetische Energie.

[14] An Introduction to Systems Biology: Design Principles of Biological Circuits, Uri Alon, Chapman & Hall 2006, 1. edition.

[15] Siehe auch Gaia-Hypothese; nach Lynn Margulis und James Lovelock.

[16] Redundanz beschreibt primär Informationen, die in einer Informationsquelle mehrfach vorhanden sind. Eine redundante Information trägt nichts bei zur Informationseinheit und kann daher weggelassen werden, ohne dass Informationsverluste entstehen. Sie gilt auch als Teil einer Nachricht, die selbst keine Information enthält, aber für die Funktion der Nachricht wesentlich sein kann. Ein identisches Zeichen, das in einer Information z.B. mehrfach auftritt, kann nicht die gleiche Funktion ausführen. Seine syntaktische Funktion ist durch seine einfache Nennung in einem Code bereits besetzt. Also kann seine mehrfache Nennung eine semantische oder praktische Funktion der Information übernehmen.

[17] Der atmosphärische Treibhauseffekt ist ein natürliches Phänomen, das durch Treibhausgase, (hauptsächlich) Kohlendioxid, verursacht wird. Hierbei kommt es in der Atmosphäre zur chemischen Reaktion von Treibhausgasen mit Solarenergie (Wärmestrahlung), die zur lebenstauglichen Erwärmung der Erdoberfläche führt.

[18] Chemische Kreisläufe in der Natur: Chemie - Biologie - Energetik, Vollrath Hopp, Springer Spektrum 2018.

[19] Hier spezifische Verweildauer, Zufluss und Abfluss von Kohlenstoffverbindungen in den Kohlenstoffspeichern; siehe auch chemische Kreisläufe.

[20] Die klimatische Wirkung eines Anstiegs an Kohlendioxid in der Atmosphäre (verstärkter Treibhauseffekt) wurde erstmals nachgewiesen durch Svante Arrhenius (1896); durch mathematische Berechnungen von Gilbert Plass (1956) und Messungen von Charles D. Keeling (1958) wurde der Zusammenhang zwischen einer erhöhten Kohlendioxid-Emission durch Nutzung fossiler Energieträger und einem globalen Anstieg der jährlichen Durchschnittstemperatur bestätigt.

Die Geschwindigkeit chemischer Reaktionen ist zugleich temperaturabhängig. Je höher die Temperatur, umso schneller verlaufen chemische Reaktionen. Siehe: Arrhenius-Gleichung. Mehr Treibhausgase (vor allem Kohlendioxid) in der Atmosphäre bedeutet hier eine Verstärkung des Treibhauseffekts. Dies ist ein negativer Rückkopplungseffet: Mehr Gase bedeutet eine Verstärkung der chemischen Reaktion mit Solarenergie (Wärmestrahlung). Die atmosphärische Temperatur steigt an und verstärkt die solare Rückstrahlung auf Materie (Erdoberfläche). Dies bedeutet eine noch größere Verstärkung der chemischen Reaktion. Siehe auch: Kleine Gase – Große Wirkung: Der Klimawandel. Nelles, David; Serrer, Christian; KlimaWandel, 2018.

[21] Gemeint ist hier die Permakultur, statt der Monokultur als Paradigma zum ökonomischen Systemwandel der Agrarwirtschaft. Siehe: Der große Weg hat kein Tor; Masanoka, Fukuoka; pala Verlag 2007.

[22] Gattung aerober Bodenbakterien; wesentlich zum Abbau organischer Verbindungen. Allgemeine Mikrobiologie, Georg Fuchs und Hans-Günter Schlegel, Thieme Flexible Taschenbücher 2006, 8. Auflage, Hsg. Georg Fuchs.

[23] Das Quantenbit (Qubit) ist in der Informatik ein Modellsystem auf Grundlage der Quantenmechanik. In der theoretischen Quantenphysik dient das Qubit der Hypothese von Raum, Zeit oder Gravitation als emergente Phänomene von Quanteninformationen. Die Verarbeitung vorhandener Quanteninformationen mittels Quantenbits basiert auf Binärcodes. Siehe: Die fundamentalen Phänomene der Quantenmechanik und ihre Bedeutung für unser Weltbild: physikalische Grundlagen der Phänomene und Gedanken berühmter Physiker, Biologen und Psychologen, Kurt Bräuer, Logos-Verlag 2000; Siehe auch: Quantentheorie der Information: Zur Naturphilosophie Der Theorie Der Ur-Alternativen Und Einer Abstrakten Theorie Der Information, Carl Friedrich von Weizsäcker, Springer 2013.

[24] Hellster Stern im Sternbild des Skorpion, Roter Überriese.

[25] Utopia or Oblivion, Richard Buckminster Fuller, Lars Müller Publishers, New Edition 2008/2019.

[26] The Enemies of Anarchy: A Gestalt Approach to Change. Robert Hunter, Viking Press, 1973.

[27] Über den Prozess der Zivilisation, Norbert Elias, Suhrkamp Verlag 1976.

[28] Theorie der Gravitation als Entropie-Kraft. On the Origin of Gravity and the Laws of Newton, Erik Verlinde, veröffentlicht in: Institute for Theoretial Physics, University of Amsterdam, 2010.

[29] Gleichwert meint hier den Arithmetischen Mittelwert.

[30] Siehe: The Mathematical Theory of Communication. Claude Shannon, Warren Weaver, University of Illinois Press, 1998.

[31] Stochastik verbindet die mathematischen Teilgebiete der Wahrscheinlichkeitstheorie und Mathematischen Statistik. Sie beschäftigt sich mit der Vorhersehbarkeit bzw. Unvorhersehbarkeit individueller Ereignisse oder Ergebnisse unter dem Ideal formal-identischer Bedingungen.

FSC
www.fsc.org
MIX
Papier | Fördert
gute Waldnutzung
FSC® C083411

Zeitfracht Medien GmbH
Ferdinand-Jühlke-Straße 7
99095 Erfurt, Deutschland
produktsicherheit@kolibri360.de